그분 앞에 설 때

그분 앞에 설 때

정용치 지음

kmc

🍃 머리말

기독교대한감리회 월간지 〈기독교세계〉에 지난 2008년부터 2009년까지 매월 글을 기고했던 일이 있습니다. 부족한 제 글을 읽은 독자들의 격려에 고마워하고 있던 차에 본부 출판국의 배려로 그동안 쓴 글을 모아 책으로 만들어 낸다는 소식을 들었습니다. 제한된 독자들을 위한 글이었는데 책으로 출판되면 그 경계가 무너질 뿐 아니라 기실 도움이 될지도 궁금했습니다.

글이란 그 글을 쓴 이의 삶을 적나라하게 드러내 보이는 것인데 제 일천한 생각의 편린들이 혹자의 눈에는 왜곡되기도 하고 동의할 수 없는 일방적인 주장이 되기도 할 텐데 하는 생각에 독자 제위들로부터 받을 비판도 두려웠습니다. 그럼에도 불구하고 성원하는 이들의 도움으로 용기를 내어 책을 내는 데 동의를 하였습니다.

책을 엮을 목적이라면 좀 더 신중해야 할 대목들도 없지 않지만, 미흡한 대로 이미 출판국에서 펴낸 글들이고 해서 그냥 그대로 내놓기로 하였습니다. 그동안 이 글을 쓰면서 한 가지

지향했던 것은 주님의 몸된 교회의 갱신이었습니다. 저는 교회 덕으로 지금까지 밥을 먹고 살았고 교회는 제 삶의 전부라 해도 과언이 아닙니다. 어디를 가든 십자가가 달린 교회를 보면 반갑고 애정이 가는 것이 교회입니다. 그런데 오늘 우리 한국 교회들이 그 본래적 소임에서 많이 비켜나고 있는 것은 아닌가 하는 생각이 듭니다. 그러다 보니 교회가 새로워지고 본디 모습을 되찾아야겠다는 제 생각을 자주 썼습니다. 그리고 신앙의 본질에서 많이 이탈된 오늘 우리 한국교회 성도들에게도 하고 픈 말들이 있어 노파심일지도 모르지만 제 생각을 글에 담았습니다. 책이 되어 나오도록 배려해 주신 본부 출판국(도서출판 kmc) 여러분과 한국 엠마오 공동체 여러분의 성원에 깊이 감사 드립니다.

2010년 6월
일영 연수원에서 **정용치**

차례

이해할 수는 없지만 신뢰합니다

눈물을 다시 찾는다면
희망이 있습니다

영성회복,
교회를 교회 되게 하는 유일한 길입니다

나의 삶, 나의 교회

이해할 수는 없지만
신뢰합니다

불행 앞에서 우리는 "왜 나인가?"와 "왜 나는 아닌가?"라는 의문을 가질 수밖에 없습니다. 어떤 사람은 불행을 당하고 어떤 사람은 불행을 모면하는 이 현실을 보면서 우리는, "과연 하나님이 하시는 일인가?" "하나님은 어디 계시는가?"라는 질문을 던집니다. 그런데 이러한 질문은 무신론자들이나 회의주의자들의 전유물이 아닙니다. 도리어 믿는 자들이 훨씬 더 절박한 심정으로 그런 질문을 던지는 경우가 많습니다.

이해할 수 없는 하나님

하루 일과를 시작하기 전, 가정예배서 「하늘양식」으로 기도회를 합니다. 인도자가 말씀을 읽고 묵상한 후, 그날의 메시지에 대하여 자신들의 생각을 나누는 시간을 가집니다. 어느 날 아침, "주님과 동행하는 생활"이라는 주제의 말씀을 읽고 묵상을 한 후 '주님이 당신의 삶 속에 언제 동행하였는가?' 라는 질문을 받자 다양한 대답들이 나왔습니다. 교통사고에서 건져 주셨을 때나 군 복무 중 위험한 순간에 건짐을 받았다는 등, 위기에서 하나님의 도움을 받았다는 내용들이 주를 이루었습니다.

그러자 한 사람이 이렇게 말하는 것이었습니다. "예수 믿는 사람들 중에도 교통사고를 당해 중상을 입거나 죽는 사람들도 있는데, 그런 사람들은 하나님이 함께하시지 않은 것입니까?" 이 돌발적인 질문에 얼마간 침묵이 흘렀습니다. 저는 목사로서 이런 질문에 대하여 그들이 이해할 수 있을 만한 대답을 주어야 할 책임을 느꼈지만, 설득력 있는 대답을 하기가 쉽지 않다는 것을 알았습니다.

저 역시 제 삶에서 하나님이 하시는 일이라고 이해할 수 없는 일을 수차례 경험했기 때문입니다. 저는 40여 년 전 목회 초임지 교회 앞마당에서 쓰레기를 소각하다가 터진 포탄의 파편이 오른쪽 눈에 박혀 실명했습니다. 상처 난 동공을 적출하고 병원에 누워 '하나님이 계시다면 왜 나에게 이런 고통과 불행을 주십니까?' 하며 한동안 주체할 수 없는 원망과 불만을 토로하고 하나님의 사랑을 의심했던 적이 있습니다. 30여 년 전에 교회를 건축하다가 완공 단계에 있는 교회 건물이 철거를 당하는 예기치 않았던 사건이 있었을 때도 역시 '왜 하나님은 가난한 성도가 피와 땀으로 바친 헌금으로 지은 당신의 교회를 이런 쓰레기 더미가 되게 하십니까?' 하고 금식하며 원망했던 일도 있었습니다. 수년 전 미국에서 이민 목회를 할 당시, 막내 아들이 대학 4학년 여름 방학을 이용해 한국에 머무는 동안, 같은 또래 네 사람과 탄 자동차가 사고를 당해 우리 아이와 함께 목회자 아버지를 둔 또 한 청년이 세상을 등지는 일이 일어났습니다.

이러한 시련을 당할 때마다 내 신앙은 인내의 한계를 느끼면서 하나님의 사랑을 의심하지 않을 수 없었습니다. 이런 어려움을 당하면 사람들은 '저가 과연 무슨 잘못을 했기에 저런 시련을 당하는가?' 하는 인과응보의 잣대로 바라보는데, 그런 시선을 견디는 것이 더 참을 수 없는 고통이었습니다.

물론 하나님은 우리가 잘못하면 징벌도 하십니다. 그러나 악인과 선인, 믿는 자와 믿지 않는 자가 같은 비행기에 탑승했다가 사고를 당해 탑승객 전원이 화를 경험하는 일도 있습니다. 불행은 악인의 전유물이 되지 않고 착한 사람에게도 예외 없이 닥칩니다. 믿는 사람도 믿지 않는 사람도 사고나 위험이나 질병이나 죽음에서 전적으로 면제받을 수 있는 사람은 아무도 없습니다. 그렇다면 하나님의 공의는 무엇입니까?

가끔 교통사고를 당했는데 하나님이 털끝 하나도 다치지 않게 보호해 주셨다는 말을 하는 이들의 간증을 들으면서, 나는 혼란에 빠질 때가 많습니다. '그렇다면 우리 아들은 하나님께서 죽였다는 말인가?' 하는 질문을 하지 않을 수 없었습니다.

'악하게 사는 사람들도 건강하게 사는데 왜 하나님은 나에게 하필이면 이런 암(癌)을 주시는가? 이런 일을 당할 만한 일을 내가 했던가?' 하고 때로는 분노에 못 이겨, 때로는 자기 연민이나 절망감에 사로잡혀 하나님의 사랑을 의심하는 이들도 있을 것입니다.

"왜 나인가?(Why me?)"라는 질문은 인생의 부조리를 향한 항변입니다. 물론 우리는 스스로 완전하다고 믿지 않으며, 또 결함이 없다고 생각하지도 않습니다. 우리는 그 누구도 하나님 앞에서 우리의 공로를 따라 우리를 심판해 달라고 요구할 자신이 없습니다. 그럼에도 불구하고 까닭 없이 당하는 시련이라고 여겨질 때는 하나님의 공의가 의심스러울 때가 많습니다. 문제는 무고한 사람들만 불행을 당하는 것이 아니라는 점입니다. "불행은 닥치는 대로 일어난다."는 것도 현실임에는 틀림이 없습니다. 사고는 그 누구도 예측할 수 없습니다. 그럴 때마다 우리는 '우리가 믿는 하나님의 존재에 대해 어디까지 이해해야 하는가?' 하는 질문을 합니다. 얼마 전 제가 아는 어느 교회 권사님은 새벽기도회를 가시다가 자동차에 치어 세상을 떠났습니다. 히로시마에 원자폭탄이 투하된 후, 그 와중에 살아남은 한 사람은 '다른 사람들은 모두 죽은 상황에서 혼자만 살아남은 것은 이기적이고 수치스런 일이 아닌가?' 하고 자책했다고 합니다.

이처럼 불행 앞에서 우리는 "왜 나인가?"와 "왜 나는 아닌가?"라는 의문을 가질 수밖에 없습니다. 어떤 사람은 불행을 당하고 어떤 사람은 불행을 모면하는 이 현실을 보면서 우리는, "과연 하나님이 하시는 일인가?" "하나님은 어디 계시는가?"라는 질문을 던집니다. 그런데 이러한 질문은 무신론자들이나 회의주의자들의 전유물이 아닙니다. 도리어 믿는 자들이 훨씬 더 절박한 심정으로 그런 질문을 던지는 경우가 많습니다. 가장 대표적인 사례가 우리 예수님이십니다. 그분은 십자가에서 벌거벗긴 채, 무고히 채찍에 맞아 피를 흘리시며 거짓 고소자들에 의해 희생양이 될 때, 제자들도 그 곁을 모두 떠나 버렸을 때, 시편 22편의 첫 구절을 인용하시면서 "하나님이여 내 하나님이여 어찌 나를 버리셨나이까?"(마 27:46)라고 부르짖었습니다. 이와 같은 절규의 목소리는 역사를 통해 때와 장소를 가리지 않고 수없이 반복되었습니다. 더욱이 신앙을 가진 수많은 성자들과 의인들의 입에서도 터져 나왔습니다.

영국의 대표적인 복음주의 작가 C. S. 루이스는 그의 아내 조이 데이비더먼이 암으로 세상을 떠난 후에 깊은 상처와 분노를 이기지 못하여 「헤아려 본 슬픔」이라는 책에서 다음과 같이 글을 남겼습니다.

"하나님은 어디 계시는가? 이는 가장 큰 불안을 느끼게 하는 문제 가운데 하나다. 행복할 때, 즉 너무 행복해서 하나님이 필요하지 않다고 생각할 때 그분을 찬양하면 따뜻한 환대를 받는다. 그러나 다른 도움은 아무 소용이 없고 오직 그분의 도움만이 절실히 필요할 때 도움을 구하면 어떻게 될까? 그야말로 문전박대를 당한다. 안에서 빗장을 두 번, 세 번 걸어 잠그는 소리가 들린 후에 긴 침묵이 이어진다. 그럴 때엔 발길을 되돌리는 것이 차라리 현명하다."

이 C. S. 루이스의 진솔한 고백은 9.11 테러로 미국 뉴욕의 쌍둥이 건물이 무너질 때도, 지진과 쓰나미로 온 마을이 하루 아침에 폐허로 바뀔 때도, 아우슈비츠 유대인 집단 수용소에서도, 북한의 정치범 수용소에서도 여전히 들을 수 있었던 절규입니다.

프리드리히 니체는 "견딜 수 없는 것은 고통이 아니라 고통의 이유를 알지 못하는 것이다."라는 말을 하였습니다. 고통이 아무리 극심해도 이유를 알면 참을 수 있습니다. 하지만 고통의 이유를 알지 못할 때는 그 고통을 감당하기가 어렵다는 것을 경험합니다.

우리가 잘 아는 욥기의 욥은 그의 고통을 위로하기 위해 찾아온 친구들에게서 더 많은 상처를 받았습니다. 그들은 욥을 위로한다는 명목으로 그가 당하는 고통의 이유를 설명하려고 했지만, 터무니없는 논리를 펴면서 무지하고 잔인한 도덕적인 잣대로 욥을 판단하였기 때문입니다. 그리고 바로 그러한 이유에서 자신들을 옹호해 주시리라 생각했던 하나님은 오히려 그들을 책망하셨던 것도 우리는 잘 압니다.

욥에게도 동일한 시험이었던 것처럼 고통의 이유를 알지 못하고 고난에 직면할 때, 우리의 반응은 하나님을 향한 믿음을 포기하고 싶은 유혹을 받습니다. 아무리 궁리해도 타당한 이유를 찾지 못할 때 느끼는 그 절망감은 경험해 보지 않은 이들은 이해할 수 없습니다. 탈출구는 전혀 보이지 않고, 도전하는 세력은 사방에서 옥여싸고 있을 때, '참 힘들다. 감당하기 어렵다.' 삶을 포기하고 싶은 유혹을 받을 수도 있습니다.

이것을 피하기 위해 혹자는 술이나 마약이나 인위적인 도피처를 찾아보지만, 그것 역시 일시적인 미봉책은 될지언정 고통의 중압감에 근본적인 자유를 주지는 못합니다. 그런가 하면 어떤 희생을 치르더라도 그에 맞서 싸우겠다는 이들도 있습니다. 그러나 이것 역시 고통을 당하는 것보다 훨씬 더 고통스럽기는 마찬가지입니다. 아무리 해결책을 찾아보아도 더 이상 문제를 해결할 기미가 보이지 않을 때, 스스로 지탱하지 못하고 결국 자신의 삶을 포기하는 이들이 있습니다. 이러한 고통 속에서 도전하려는 것은 무모한 일이라는 자기 한계를 느끼는 이들은 목숨을 부지하려는 필사적인 욕망을 포기한 채 담담히 죽음을 각오합니다.

　노무현 전 대통령 역시 출구가 보이지 않는 현실에 대해 절망하고 자살이라는 극단적인 선택을 하고 만 것을 우리는 잘 알고 있습니다. 물론 목숨을 구걸하기 위하여 우리의 영혼을 팔아서는 안 됩니다. 아울러 우리는 정신적 육체적 고통에서 벗어날 목적으로 목숨을 끊어서도 안 됩니다. 체스터튼은 "진정한 용기는 죽음을 각오하겠다는 의지를 담은 강한 삶의 욕구를 의미하는 것이다."라고 했습니다. 죽을 용기라면 얼마든지 고통에서 헤어날 수 있기 때문입니다.

저 역시 감당할 수 없는 고통의 심연에서 삶이 주춤할 때가 있었습니다. 앞이 보이지 않고 절망의 나락으로 빠져들 만큼 삶에 희망이 전무한 것처럼 느껴질 때도 있었습니다. 그럼에도 불구하고 다시 일어날 수 있었던 것은 설명할 수 없는 어떤 힘이 붙잡고 있다는 확신이었습니다. 유대인 작가 빅토르 프랭크는 「삶의 궁극적 의미를 찾아서」(*Man's Search for Ultimate Meaning*)에서 그가 아우슈비츠 죽음의 수용소에서 살아남은 현실에 대해 다음과 같은 글을 남겼습니다. "아우슈비츠를 경험한 사람들 가운데는 종교적인 믿음이 더욱 깊어진 이들이 많다. 물론 꼭 그런 경험 때문이라고 말할 수는 없지만, 믿음을 가진 자들의 숫자가 믿음을 포기한 사람들의 숫자를 상회한 것은 확실하다."고 피력했습니다. 약한 불꽃이 작은 미풍에 쉽게 꺼져 버리듯이, 약한 신앙은 악과 고통의 현실에 부딪치는 순간 곧 생명력을 잃고 맙니다. 하지만 참 신앙은 강한 불꽃과도 같아서 폭풍우가 몰아닥치면 더욱 더 거센 불길이 되어 치솟는 원리와 같습니다. 소크라테스는 "검증되지 않는 삶은 살 가치가 없다."고 했습니다. 다시 말하면 시련을 겪어 보지 않은 사람은 삶을 살 가치가 없다는 말입니다. 그러므로 우리에게 예고 없이 찾아오는 악과 고통을 검증된 삶을 위한 도전으로 받아들이십시오. 시련을 통해 오히려 우리의 신앙은 더욱 성숙해집니다.

"하나님 아버지! 주님을 이해할 수는 없지만 신뢰합니다."

(2009년 7, 8월)

욕망과 행복

우리나라 경제 사정이 무척 어려워졌다고 합니다. 특히 주식 시장이 요동치면서 하루아침에 소유의 절반을 날렸다는 이도 있습니다. 이런 현상은 비단 우리나라만이 아니라 전 세계적인 상황으로 나라마다 고민에 빠져 있다는 소식을 매일 듣고 있습니다. 그래도 생각해 보면 우리가 10년 전보다, 아니 20년 전 생활에 비하면 더 나은 삶을 살면서도 끝 모를 인간의 욕망에 속아 불평하고 있는 것은 아닐까요.

오늘 우리의 현실을 좀 더 차분히 생각해 보면 가진 것을 놓치지 않고 더 가지려는 욕심 때문에 분노가 생기고 불만이 생기고 다툼이 일어나는 경우가 많습니다. 자기 불만은 다른 사람들에 대해 불만을 가져 오고 그것이 대 사회적인 범죄행위로 이어지기도 합니다.

그동안 우리 주변에서 자주 발생하는 범죄들은 특정인에 대한 원한보다는 불특정 다수에게 해를 끼치는 반사회적 범죄임을 봅니다. 아무런 이해관계도 없는 사람들을 마구 살해하는 일, 아무 집에나 불을 놓았다는 소식을 자주 듣습니다. 또한 이전에 비하여 자살자도 폭증하고 있습니다. 이러한 범죄행위나 자살의 이면에는 그들 나름대로 말 못할 고민은 있겠지만, 따지고 보면 자신의 욕망을 채우지 못한 불만을 왜곡하는 극단적인 행동을 표출하는 것이 아닐까요? "무엇 때문에 여러분 가운데 싸움이나 분쟁이 일어납니까? 여러분의 지체들 안에서 싸우고 있는 육신의 욕심에서 생기는 것이 아닙니까?"(약 4:1, 새번역)라고 사도 야고보는 말합니다.

"욕심" 때문에 싸움과 분쟁이 일어나고 있습니다. 욕심은 우리가 싸워야 할 대상입니다. 누구에게나 욕망이나 욕심이 없을 수는 없습니다. 그러나 그것을 제어하지 않으면 누구든 망한다는 것은 철칙입니다. "욕심이 잉태하면 죄를 낳고, 죄가 자라면 죽음을 낳습니다."(약 1:15)

우리가 현실이 아무리 어려워도 우리 안에 있는 욕망, 즉 욕심과 싸워서 이기면 불황도 이길 수 있다고 믿습니다. 불황이 문제가 아니라 욕망이 문제입니다. 우리 안에 타오르는 이 욕심의 불을 끄면 얼마든지 행복하게 살 수 있습니다. 문제는 우리가 더 많이 가지려고 하고 더 차지하려는 욕망의 기세를 꺾지 못하기 때문에 발생합니다. 절망하고 불평하고 다른 사람들과 비교하고 그러면서 남을 탓하고 사회를 증오하는 것입니다.

사도 바울은 "주 예수 그리스도로 옷을 입으십시오. 정욕을 채우려고 육신의 일을 꾀하지 마십시오."(롬 13:14)라고 가르칩니다. "예수 그리스도로 옷을 입으라."는 말은 그리스도의 인격과 삶을 상징하는 것으로 그분이 어떻게 사셨는지, 그분이 산 삶을 본받고 살라는 것입니다.

우리도 전에는 정욕의 종이 되어 살았습니다. 그러나 "정욕을 채우려고 육신의 일을 꾀하지 말라."고 가르칩니다. 왜 이런 말씀을 하였겠습니까? 그렇게 살면 불행해지고, 망하고, 결국은 죽기 때문입니다. "그러므로 땅에 속한 지체의 일들, 곧 음행과 더러움과 정욕과 악한 욕망과 탐욕을 죽이십시오. 탐욕은 우상숭배입니다."(골 3:5) 정욕과 탐심은 우상숭배와 같은 것이라고 성경은 말합니다. 그러므로 죽이라는 것입니다. 정욕과 탐심을 버리지 않으면 우리는 결코 예수로 옷 입은 자라 할 수 없습니다.

"사랑하는 여러분, 나는 나그네와 거류민 같은 여러분에게 권합니다. 영혼을 거슬러 싸우는 육체적 정욕을 멀리하십시오."(벧전 2:11)라고 사도 베드로도 가르칩니다. 이토록 성경은 우리에게 욕심으로부터 자유하라고 가르치지만, 오늘 우리의 현실은 교회까지 동원하여 인간의 욕심을 부추깁니다. 더 많이 갖고 사는 것이 축복이라고 말합니다. 오늘 우리 교회의 현장에는 아직도 상당 부분 하나님을 이용하여 자기의 욕망을 채우려는 이들이 있습니다.

잔느 기용은 그의 저서 「하나님을 사랑하는 것」에서 "우리는 어떤 경우에도 자신의 이기적인 욕심을 채우기 위해 하나님을 사랑해서는 안 된다. 우리가 영적으로 풍성할 때나, 메마른 삭막한 광야를 지나갈 때나 오직 주님만을 사랑해야 한다."고 말합니다.

하나님을 이용해서 자기의 욕망을 채우려는 풍조는 지금 이 시대 믿는 자들에게 유행이 되고 있습니다. 세상에서 교회가 능력을 잃고 빛을 잃고 있는 것은 교회에서 기적이 일어나지 않기 때문이 아닙니다. 오히려 교회가 사람들이 요구하는 욕망을 채우도록 부추기고 있기 때문입니다. 하나님과 복음 때문에 때로는 고난을 받을 수 있다는 사실을 교회가 외면하고 그리스도 때문에 당하는 고난이나 가난을 수치로 여기는 것이 문제입니다.

예수님께서 제자들에게 "너희 가난한 사람들은 복이 있다. 하나님의 나라가 너희의 것이다."(눅 6:20)라고 말씀하실 때, 가난을 부끄러운 것으로 여겼다는 그 어떤 증거도 성경은 말하지 않습니다. 언제부터인가 우리 한국교회에서는 예수 잘 믿으면 부자가 되는 축복을 받는다는 현세적 보상이 당연한 것으로 이해되면서, 가난하게 사는 것은 하나님을 잘못 믿은 결과로 보는 이들이 많아졌습니다. 예수 믿는 자가 가난한 것을 수치로 보는 문화가 생겼습니다. 교회 안에서 가난하게 사는 이들이 영적 연민의 대상이 되고 있습니다. 경제지수와 신앙지수를 비례하는 것처럼 생각하는 이들도 있습니다.

언젠가 저는 자동차 안에서 어떤 목사님의 설교를 들었습니다. 예수 잘 믿으면 반드시 부자가 되어야 한다는 것입니다. 물론 우리가 예수 잘 믿으면 성실하고 정직하게 살기 때문에 경제생활도 향상이 되는 것은 틀린 말은 아닙니다. 그러나 예수를 믿기 때문에 다 부자가 된다는 것은 복음에 대한 편견이며 왜곡된 이해입니다. 물론 성경에는 의롭게 산 자들에게 부요를 보상했던 일들이 없는 것은 아닙니다. 그렇지만 성경의 또 다른 면을 볼 수 있어야 합니다. 가난과 고난을 평생 짊어지고 살았지만, 땅에서 아무런 보상을 받지 못한 이들도 많았습니다. 기독교역사에는 가난을 운명처럼 여기면서도 그 누구보다 감사하며 행복하게 살았던 무명의 의인들이 얼마든지 있습니다. 그들이 부자가 아니었기 때문에 하나님의 축복에서 제외된 불행한 사람들이라고 말할 수 있을까요?

우리는 김수환 추기경의 선종을 보면서 신선한 충격을 받았습니다. 한국 현대사에 한 사람의 죽음이 이토록 범사회적 관심과 파장을 가져왔던 적이 있었던가요? 우리는 그동안 이 땅에서의 최고 권력자의 죽음도 보았고, 우리나라에서 제일 큰 부자들의 죽음도 보았습니다. 물론 그들의 죽음이 일시적인 관심을 갖게 한 것은 사실이지만, 김수환 추기경과는 비교될 수 없습니다. 그가 떠난 지 두 달이 되어 가도 여전히 그의 무덤을 찾는 이들이 연일 꼬리를 이어가고 있다는 소식을 들었습니다.

그의 무엇이 사람들의 마음에 이런 엄청난 반응을 가져왔을까요? 물론 우리나라 최초의 추기경이라는 직함 때문일 수도 있을 것입니다. 그러나 그것은 천주교 신자들에게나 해당되는 얘기입니다. 천주교인이 아닌 이들까지도 연일 그의 죽음을 애도하며 조문 행렬이 이어졌던 것은 무엇 때문이겠습니까? 그가 단순히 추기경이었다는 성직 때문만은 아님이 분명합니다. 그러면 그가 돈 많은 부자, 권력자, 저명한 학자였기 때문입니까? 아무리 생각해도 그런 것 같지는 않습니다. 그렇다면 무엇이 수많은 사람들의 가슴에 감동을 주는 것일까요? 한마디로 그의 청빈한 삶, 욕심 없이 살면서 늘 자신보다 다른 사람을 배려하는 손해 보는 삶, 마지막 장기까지 주고 가는 그의 희생적인 삶 때문일 것입니다. 한 사람이 죽은 후 우리나라에는 전에 없는 놀라운 일이 일어나고 있습니다. '눈을 주겠다, 간을 떼어 주겠다, 신장을 주겠다.' 하는 장기기증서약을 하겠다고 나서는 이들이 남녀노소를 가리지 않고 연일 이어지고 있습니다. 아무도 누구에게 강요받지 않은 자원함으로 이웃의 아픔을 생각하는 이런 선한 사마리아인들을 목도하고 있는 것은 신선한 충격이 아닐 수 없습니다.

우리가 여기서 주목할 것은 김수환 추기경이 이런 삶을 살게 된 것은 무엇 때문에, 누구 때문에 가능했냐는 것입니다. 예수 그리스도, 그 예수 그리스도를 본받고 살려던 한 가지 마음 때문임은 두말 할 여지가 없습니다. 그는 일찍부터 욕심을 내려놓았던 분입니다. 신부가 되었지만, 바보처럼 살겠다는 초심을 잃지 않고 평생 청빈과 정직, 이웃에 대한 사랑을 실천하고자 하는 예수의 제자 된 삶을 살았기 때문입니다. 그가 1966년 주교 자리에 오르면서 내건 사목 목표는 "너희와 모든 이를 위하여"(Pro vobis et Pro multis)였다고 합니다.

나는 그의 죽음을 보면서 오늘 이 땅의 민초들이 얼마나 선(善)에 기갈을 느끼고 있었는지를 알 수 있었습니다. 얼마나 의로운 자의 삶을 동경하고 있었는지를 알 수 있었습니다. 그러면서 한 가지 희망을 보았습니다. '우리 기독교에 예수님을 닮아 살겠다는 의인 한 사람만 있어도 오늘 이토록 땅에 떨어져 버린 한국교회의 위상을 하루아침에 세울 수 있겠구나!' 하는 희망을 보았습니다. 예수님처럼 사는 한 사람만 있어도 얼마든지 세상을 감동시킬 수 있다는 것을 확인하였습니다.

욕망을 목적으로 인생을 살면, 피곤한 삶을 살 수밖에 없습니다. 한동안 교회가 예수 믿으면 부자 되고, 병이 낫고, 잘 먹고 잘 산다는 메시지를 전할 때, 사람들에게 교회는 희망이며 위로였습니다. 전란을 겪은 후 우리나라가 제대로 잘 먹지도 못할 만큼 어려웠던 시절, 기복적인 메시지를 들은 사람들은 위로를 받고 용기를 얻었습니다. 그래서 한동안 사람들이 교회로 몰려왔던 때가 있었습니다. 복을 받기 위해 교회로 사람들이 몰려오자 짧은 역사 동안 많은 성장을 이루었던 것은 사실입니다. 그러나 오늘 우리 사회가 이전보다는 비교할 수 없을만큼 경제적인 성장을 이루었습니다. 이젠 더 이상 기복적인 메시지만으로 영혼의 기갈을 채우기는 어렵습니다.

이제 우리 한국교회에는 새로운 메시지가 필요합니다. 더 이상 잘 먹고 잘 사는 비결, 곧 욕망을 채우는 일에 천착하기보다는 바른 복음을 선포해야 합니다. 그래야만 교회가 진정한 신앙공동체로서의 힘을 가질 수 있게 될 것이기 때문입니다. 속도보다 중요한 것은 방향입니다. 방향을 잘못 잡고 빨리 가면 갈수록 더 멀어집니다. 자기 목적과 욕망을 채우는 것만이 행복이라고 여기는 이들은 그것만을 채우기 위해 매일 아등바등하며 살아가지만, 결국 그것이 탐욕이라는 무덤을 만들게 되고 말 것이기 때문입니다.

저는 최근에 영성훈련을 통해 그리스도인의 정체성을 깨닫게 되었다는 평신도 지도자 한 분을 통해 다음과 같은 고백을 들었습니다. "지금까지의 신앙생활은 욕망의 노예가 되어 살았습니다. 그래서 욕심의 양만큼 근심과 불만의 무게는 비례하였습니다. 그런데 나만을 위한 욕심에서 자유해지자 이렇게 행복할 수가 없습니다."라고 고백했습니다. 안타까운 것은 이전보다 잘 먹고 살아도 만족이 없습니다. 기업을 성공적으로 이루고 교회를 부흥시켜도 만족이 없습니다. 왜냐하면 욕망은 끝이 없기 때문입니다. 우리가 그토록 소중하게 여기는 소유, 곧 이기적인 욕망을 내려놓지 않는 한 이 땅 어디서도 행복을 찾기는 어려울 것입니다.

"이 세상도 사라지고, 이 세상의 욕망도 사라지지만, 하나님의 뜻을 행하는 사람은 영원히 남습니다."(요일 2:17)

(2009년 4월)

거짓된 확신

복음이 대중화되면서 누구든지 믿기만 하면 구원이 주어진다고 말합니다. 그리스도인이 되는 것은 너무 쉬워서 입으로 믿는다 말만 해도 된다고 생각하는 이들이 많습니다. 그러나 단순히 입으로 예수 그리스도를 구주라고 고백하는 것만으로 구원을 보장받는다는 것은 너무나 복음을 헐값으로 매도하는 것입니다. 구원은 성경에 계시된 대로 그리스도께 순종하고 그분을 섬기는 삶에서 나옵니다. 실행이 따르지 않는 말은 공허할 뿐입니다. 예수님은 "나더러 주여 주여 하는 자마다 다 천국에 들어갈 것이 아니요 다만 하늘에 계신 내 아버지의 뜻대로 행하는 자라야 들어가리라."(마 7:21)고 말씀합니다. 예수님은 천국에 들어가기를 바라는 사람들을 향하여 "내가 너희에게 이르노니 너희 '의' 가 서기관과 바리새인보다 더 낫지 못하면 결코 천국에 들어가지 못하리라."(마 5:20)고 경고하십니다. 주님은 바리새인들이 율법을 지키기 위해 쏟았던 그들의 열정을 능가할 만한 의로운 삶을 우리에게 요구하십니다. 그러나 우리는 입으로 고백하지만 실제적인 삶에서는 복음과 너무나 거리가 먼 삶을 살고 있는 경우가 많습니다.

필자가 잘 알고 있는 한 지역교회 목사님은 탁월한 설교자였습니다. 그는 목회자로서 갖춰야 할 충분한 신학적 소양을 갖춘 분이었습니다. 그러나 그는 그가 전하는 메시지대로 살지 못하고 목회자의 정도에서 일탈하는 치명적인 부끄러운 일을 하게 된 것이 인구에 회자되면서 결국 교회를 떠나고 말았습니다. 그로 인한 교회의 상처는 성도들에게만 아니라 지역 사회와 교회에 대한 부정적인 이미지를 심어 주고 말았습니다.

오늘날 교회의 위기는 '진정한 그리스도인' 이 아니면서도 이 사실을 인지하지 못하는 사람들로 채워지고 있다는 것입니다. 그리스도인이라고 자처하는 이들 중에는 교회에 적을 두고 있지만, 실제적인 그들의 삶에서는 그리스도 닮기를 포기한 사람들이 많습니다. 단지 입으로만 예수님을 구주로 시인하는 것으로 구원을 보장받았다고 확신하는 것은 얼마나 위험한 발상인지 모릅니다. 착각은 자유지만, 잘못된 착각은 불행하게도 자신의 영원한 운명에 결정적인 영향을 미치게 된다는 것을 알아야 합니다. 오늘 우리 교회 안에 속한 그리스도인들 중에 상당수의 사람들이 스스로는 구원을 받았다고 생각하지만, 사실은 그렇지 못한 경우가 많다는 사실에 주목해야 합니다. 단순히 교회에 다닌다는 행위나 소속감으로만 구원을 보장받은 것처럼 여기는 것은 착각일 수 있습니다. 많은 경우 거짓된 확신에 속아 구원의 기회를 놓쳐 버릴 수도 있습니다.

강단에서 전해지는 많은 메시지는 신앙인의 실수나 부끄러운 죄에 대한 고백을 요구하지 않고 이미 용서받은 자로 선언하는 경우가 많음을 봅니다. 사람들이 실제로는 구원을 받지 않았음에도 불구하고 구원받은 자로 착각하게 합니다. 단순히 종교적인 활동을 하고 있다는 것으로 안심하게 하는 경우입니다. 사도 바울은 "너희는 믿음 안에 있는가 너희 자신을 시험하고 너희 자신을 확증하라 예수 그리스도께서 너희 안에 계신 줄을 너희가 스스로 알지 못하느냐 그렇지 않으면 너희는 버림

받은 자니라."(고후 13:5)고 말합니다. 교회에 다니며 예배에 참석하고 봉사도 하고 성찬식에도 참여하는 종교적 행위가 우리의 구원을 보장해 준다는 것은 지극히 위험한 착각일 수 있습니다. 예수님 당시 바리새인들이 그랬습니다. 문제의 핵심은 우리가 너무 구원을 쉽게 보장받는다는 것입니다. 입으로 시인만 해도 되고, 종교 활동에 참여만 하는 것으로 구원을 보장받을 수 있다는 거짓된 확신이 오늘날 그리스도인들의 정체성에 치명적인 타격을 주고 있습니다.

교회 지도자를 세우는 선거 때만 되면 늘 회자되고 있는 것이 돈을 주고받는 것이 관행처럼 되어 버린 금품선거입니다. 자신의 이익을 위해 뇌물을 주거나 받으면서도 그것이 얼마나 비신앙적인 것인지에 대한 일말의 자기반성도 없이 반복되고 있습니다. 비윤리적이고 반복음적인 생활을 자행하면서도 전혀 부끄러움을 모른다면 그것은 구제받을 수 없는 치명적인 영적 자폭 행위일 수 있습니다. 많은 신앙인들이 전혀 성경을 믿지 않는 것처럼 살면서도 자신은 그리스도인이라고 주장하고, 그들로 오늘날 교회가 넘쳐나고 있다는 것은 정말 비극적인 교회의 불행한 현실입니다.

우리는 그리스도를 진정한 구주로 영접하지 않고도 단순히 세례를 받았거나 교회에서 직분을 받았다는 피상적인 형식으로 얼마든지 종교적 행위를 할 수 있습니다. 언젠가 우리 연수원에서 하고 있는 "엠마오로 가는 길"이라는 영성 훈련에 신학대학 교수님이 참여했습니다. 72시간 동안 훈련이 진행되는 과정에서 모든 참여한 이들에게 'Jesus'라는 브로치를 선물하였습니다. 그러나 관리 소홀로 그만 이 교수님은 그것을 잃어버리고 말았습니다. 그러다가 훈련을 마치기 직전에 그 잃었던 'Jesus'라는 브로치를 찾았습니다. 일정이 끝나고 마지막에 참여했던 이들이 저마다 소감을 발표하는 시간에 교수님은 이렇게 고백하는 것이었습니다. "제 관리 소홀로 잃었던 'Jesus' 브로치 선물을 마지막 시간에 찾았습니다. 그런데 더 놀라운 사실은 제가 금번 영성 훈련에 참여하면서 오랫동안 잃어버렸던 예수님을 다시 만난 것입니다. 얼마나 감격스러운지 모릅니다." 그분의 그 진솔한 고백이 참여한 모든 이에게 큰 감동을 주었던 것을 지금도 잊지 못하고 있습니다. 신학대학 교수님들은 전문적인 신학자로서 성경을 연구하고 가르치는 일을 하면서도 예수 그리스도와의 인격적인 교제를 하지 못하고 단순히 신학을 지적인 학문으로 가르치기도 하고 책을 저술할 수 있다는 것입니다.

존 맥아더 목사는 그의 책 「값비싼 기독교」(Hard to believe)에서 "오늘 미국에서 주된 선교 현장은 교회 안에 있다."고 말합니다. 이러한 지적은 무너져 가는 미국교회의 현실을 직시한 가슴 아픈 고백입니다. 오늘 우리 한국교회도 예외는 아니라고 생각합니다. 지금 우리나라는 해외에 두 번째로 선교사를 많이 보내는 선교 대국이 되었습니다. 물론 미전도 종족들이나 복음이 필요한 지구촌에 선교사들을 많이 보내는 것은 자랑스러운 일입니다. 그러나 지금 우리 형편으로 볼 때 사실은 우리 한국 내에 있는 교회가 더 선교의 대상이 되어야 하지 않을까 하는 생각을 지울 수가 없습니다. 얼마나 부끄러운 일들이 교회 안에서 자행되고 있는지 모릅니다. 적지 않은 지도자들의 비윤리적인 행태는 말할 것도 없고, 잘못된 구원의 거짓 확신을 갖고 있으면서 복음과는 전혀 배치되는 삶을 살아가는 모습을 봅니다. 혹시 헐값으로 천국을 담보받고 안일하게 구원의 확신을 하고 있는 것은 아닌지요? 거짓된 확신에 속지 말아야 합니다. 우리에게 필요한 것은 뼈아픈 자기 성찰을 통해 우리의 허물과 부끄러움을 발견하는 일입니다. 신앙을 고백하지만 순종이 없는 고백은 위선이며 가짜입니다. 믿는 자들의 삶이 그가 고백하는 말을 뒷받침해 주지 않는다면 그것은 아무런 의미가 없습니다. 사도 베드로는 믿음에 덕을 더하지 않으면 구원을 받았는지 알 수 없다고 말합니다.(벧후 2:5~11, 참조)

입술로는 고백하지만 마음으로는 늘 부끄러운 삶을 그대로 살고 있는 것은 아닌지요?

캠벨 모건(G. Campbell Morgan)은 "성소에서의 신성 모독이 빈민굴에서의 신성 모독보다 훨씬 더 끔찍하다."라고 말합니다. "주여, 주여" 하면서 불순종하는 것은 가룟 유다의 입맞춤과 다를 수 없습니다. 참된 구원을 얻는 믿음은 진정한 회개를 통한 회심과 함께 당연히 수반되어야 하는 선한 행실입니다. 미국의 저명한 자기 계발 컨설턴트인 지그 지글러(Zig Ziglar)라는 사람은 이렇게 말했습니다. "내가 차고에서 매일 먹고 잔다고 내가 자동차가 되는 것은 아니다." 그렇습니다. 우리가 교회에서 거의 살다시피 한다고 그가 진정한 그리스도인이 되는 것은 아닙니다. 그리스도인의 정체성은 교회의 등록 여부와는 별로 상관이 없습니다. 그리고 봉사나 예배에 참여하는 것으로만 입증되는 것은 아닙니다. 그리스도인의 구원은 구원 받은 자의 삶의 열매를 통해 나타나야 합니다.

사도 바울은 로마서 9장 6절에서 이렇게 말합니다. "이스라

엘에게서 난 그들이 다 이스라엘이 아니요." 다시 말하면 겉보기는 유대인이지만, 사실은 유대인이 아니라는 말입니다. 겉으로는 하나님의 백성처럼 보일 수 있지만, 하나님이 보실 때는 그렇지 않을 수도 있습니다. 겉보기에는 성령이 충만한 것 같고 열정을 갖고 복음적인 설교도 하지만, 내실은 전혀 딴판으로 살아가는 이중성을 지닌 이들을 우리는 많이 보고 있습니다. 안타깝게도 그동안 우리 사회는 이러한 이중성에 신물이 날 정도로 속아 왔습니다. 지난달 매일 지면을 채웠던 전직 대통령의 대가성 뇌물 사건은 그의 청렴성을 믿고 지지를 보내었던 수많은 사람들에게 절망감을 심어 주기에 충분했습니다. 정치 지도자들에게 존경할 만한 도덕적인 삶이 요구된다면 당연히 진실과 공의의 화신이 되어야 할 교회 지도자들에게는 더 예리한 칼날 같은 도덕성이 요구되는 것은 지극히 당연한 일입니다. 그럼에도 불구하고 우리의 현실은 그렇지 못하여 우리에게 큰 절망감을 더해 주고 있습니다. 언제까지 표면적인 그리스도인으로 자신을 포장하며 살아야 하겠습니까? 복음에 대한 보수를 주창하고 주님에 대한 열정과 신실성을 드러내 보이려 하지만, 이면적 그리스도인으로서의 진정한 자기 변신이 없이는 그 누구도 그 진정성을 수용하지 않을 것입니다.

사도행전 11장 26절에서 안디옥 교회 사람들을 향해 처음으로 "그리스도인"이라는 호칭을 썼을 때, '크리스티아니'(Christiani)의 접미사 '-iani'는 '-의 무리에 속한'이라는 뜻입니다. 당시 안디옥교회 교인들은 그리스도에게 속한 사람들이었다는 뜻입니다. 진정한 그리스도인은 예수 그리스도의 삶을 사는 그리스도인입니다. 따라서 그리스도인으로 산다는 것은 그리스도께서 당한 고난과 십자가까지 수용하려는 의지의 결단으로, 낮아지고 섬기고 희생하는 삶을 통해서 하나님의 뜻을 이루는 삶입니다. 진정한 그리스도인의 삶의 내용이 없이는 구원을 보장받기 어렵습니다. 당신은 그리스도인입니까? 지금 그리스도인으로 자처하는 우리 모두에게 절실한 것은 거짓된 확신을 깨어버리고 자신의 구원을 스스로 검증받는 일입니다.

(2009년 5월)

복 있는 사람

오늘 우리 한국교회 설교에서 가장 많이 회자되는 용어는 '축복'일 것입니다. 우리나라가 경제 사정이 어려웠던 시절에 축복은 절실했습니다. 그러나 경제적 안정을 어느 정도 이룩한 오늘에도 여전히 축복은 한국교회 강단에 중요한 메뉴로 인기를 끌고 있습니다. 축복이라는 개념에 대한 이해도 분분하여 명확하게 정리가 된 것 같지는 않습니다. 국어사전에는 "행복을 빎"이라고 정의하고 있습니다만, 우리 개신교에서 사용되는 축복은 하나님이 우리에게 은혜로 주시는 모든 것을 총칭하는 것으로 이해합니다.

그러나 대체로 축복이라 하면 경제적인 안정과 건강에 이상이 없거나 생활에 안정을 보장받는 것으로 이해하는 이들이 많은 것 같습니다. "복을 받으라."고 할 때, 대부분 물질적인 복, 건강 복의 범주에서만 이해하는 경우가 많은 것이 사실입니다. "예수 믿고 복 받으세요."라고 전도를 할 때도 그 뉘앙스는 이 땅에서 잘 먹고 잘 살게 된다는 뜻으로 받아들이기 일쑤입니다. 그러나 예수님이 말씀하신 복은 일반화 되고 있는 복의 이해와는 너무나 많은 차이가 있습니다.

예수님은 산상 설교에서 "심령이 가난한 자, 애통하는 자, 온유한 자, 의에 주리고 목마른 자, 긍휼히 여기는 자, 마음이 청결한자, 화평하게 하는 자, 박해를 받은 자"가 복이 있다고 말씀합니다.(마 5:3~12)

대체로 사람들이 생각하는 복의 조건이란 돈, 명예, 지위, 건강, 좋은 집, 고급 자동차, 좋은 환경, 비싼 옷, 예쁜 얼굴, 인기, 맛있는 음식, 보석, 이런 것들입니다. 그런데 예수님은 전혀 우리의 상식을 벗어나는 말씀을 하십니다. 심령이 가난하거나, 애통하거나, 온유하거나, 정의를 따라 살거나, 남을 배려하며 긍휼히 여기거나, 정직하고 투명하게 살거나, 평화를 위해 그리고 박해를 받아야만 하는 것이 복의 조건들이라면, 아예 처음부터 포기하겠다고 지레 겁먹을 분들도 있을지 모릅니다. "아니! 그것은 복의 조건이 아니라 불행하기를 원하는 이들에게 충분한 조건이 되겠는데요."라고 말하면서, 예수님이 말씀하시는 복의 조건들은 실현 불가능한 궤변이라고 말할지도 모릅니다. 어떤 작가는 이 예수님의 팔복의 말씀을 읽고는 "마치 백화점 쇼 윈도우에 매겨 놓은 가격표를 바꿔 놓은 것과 같다."라고 말했습니다.(비싼 것을 싼 것으로 싼 것을 비싼 것으로)

이 땅에서 우리가 추구하는 복, 즉 행복은 수완이 좋은 사람, 경쟁자들을 물리치고 이기는 사람, 자신이 얻을 수 있는 모든 즐거움을 움켜쥘 수 있는 사람, 지위를 가진 자나 성공한 사람이나, 인기가 있는 사람들만이 행복을 소유한다고 생각합니다. 물론 실패자보다는 성공한 자들이 행복할 수 있습니다. 병든 자들보다는 건강한 자들이 행복할 수 있습니다. 가난한 자들보다는 부유한 자들이 행복할 수 있습니다. 작은 차보다는 비싼 고급 자동차를 타는 것이 행복할 수 있습니다. 영양도 없고 맛없는 음식을 먹는 것보다 영양가도 많고 맛도 있는 음식을 먹는 것이 행복할 수 있습니다.

그러나 예수님이 말씀하신 이 '복'(blessed)이라는 헬라어 '마카리오스'의 뜻은 좋은 환경이나 여건에서 얻어지는 안정이나 만족을 뜻하는 것과는 거리가 있습니다.

윌리엄 바클레이는 이렇게 말합니다. "인간의 행복은 상황에 따라 좌우되는 것이다. 다시 말해, 여건이 좋으면 행복하다가도 그렇지 않으면 불행하게 되지만, 예수님이 말씀하시는 이 행복은 어떤 경우에도, 그 누구도, 행복에 흠집을 내거나 공격할 수도 없는 것이다." 불경기가 몰아닥쳐 주식이 곤두박질하여 하루아침에 재산을 잃기도 합니다. 사고를 당해 건강을 잃기도 합니다. 정권이 바뀌면서 그동안 누리던 기득권을 포기해야만 하기도 합니다. 심지어 날씨의 변화까지도 세상이 줄 수 있는 변덕스러운 기쁨을 우리에게서 앗아 갈 수 있습니다. 그러나 예수님이 말씀하시는 이 복은 그 어떤 것도 무너뜨리거나 빼앗아 갈 수 없는 전천후적인 복을 말합니다. 팔복이 말하는 것은 막연한 미래의 아름다움에 대한 동경도 아니며, 어떤 영광에 대한 멋진 약속도 아닙니다. 오히려 세상의 그 무엇도 빼앗을 수 없는 영원한 기쁨을 주는 지복(至福)에 대한 승리의 외침을 뜻하는 것입니다.

이러한 복을 향유할 수 있는 자들은 과연 누구이겠습니까? 예수님을 믿는 자들이 아니고서는 누릴 수 없는, 믿음을 가진 자들만이 누릴 수 있는 특권입니다. 예수님은 "지금은 너희가 근심하나 내가 다시 너희를 보리니 너희 마음이 기쁠 것이요, 너희 기쁨을 빼앗을 자가 없으리라."(요 16:22)고 말씀하십니다. 주님이 주시는 이 복은 그 누구도 빼앗을 수 없는 근원적인 행복을 말합니다. 예를 들면 성공해도 행복하고, 실패해도 행복하고, 병이 들어도 행복하고, 건강해도 행복하고, 심지어 살아도 행복하고, 죽어도 행복한 것을 말합니다. 예수님이 말씀하시는 '마카리오스'라는 복은, 누구에게나 열려 있지만 필수 조건인 예수 그리스도를 믿는 믿음 없이는 취할 수 없는 것입니다.

역사상 사람들이 추구하는 행복의 충분조건을 갖추었던 솔로몬은 일국의 왕이었습니다. 그가 살던 궁전은 당대 세계 최고의 아름다운 건축물이었습니다. 그의 부가 얼마나 엄청났으면 보물 창고에 쌓인 은과 금이 길가의 돌멩이처럼 많았다고 합니다. 매일 주지육림으로 진수성찬을 즐기며 살았습니다. 수천 명의 궁녀들을 데리고 살았습니다. 잘 정돈된 아름다운 정원과 놀이터가 그의 삶을 무료하게 하지 않을 만큼 즐길 수도 있었습니다. 그는 모든 것을 가졌으며 무엇 하나 부족한 것이 없었습니다. 그러나 그는 성경에서 이렇게 고백하고 있습니다.

"헛되고 헛되며 헛되고 헛되니 모든 것이 헛되도다."(전 1:2) 여기서 헛되다는 말은 텅 비었다는 말입니다. 공허하다, 쓸데없다는 말입니다. 예수님은 어리석은 한 부자를 향하여 "인간의 생명이 소유의 넉넉한 데 있지 않다."(눅 12:15)고 하신 것과 맥락을 같이 합니다. 아무리 세상이 좋아하는 행복의 조건들을 채워도 채워지지 않는 공허함이 있다는 것입니다.

우리는 얼마 전 퇴임 대통령의 비극적인 최후를 지켜봐야 하는 아픔을 경험했습니다. 일국의 대통령을 지낸 분이라면 먹고 사는 문제만은 평생 염려 없이 살 수 있었습니다. 그리고 수많은 사람들이 그를 여전히 따르고 좋아했습니다. 그가 떠난 후에 조문 행렬만 봐도 알 수 있습니다. 평생 대통령 한 번 된다면 소원이 없겠다는 생각을 하고 사는 사람들이 이 땅에 얼마나 많겠습니까? 그런 지위와 명예와 모든 것이 갖추어진 성공한 사람도 행복하지 못했기에 결국 삶을 포기하는 극단적인 선택을 한 것을 보면, 행복이란 단순히 외적인 여건이 갖춰졌다고 보장되는 것이 아닌 것이 분명합니다.

청교도 중에 유명한 토마스 왓슨은 "한 장의 종이가 총알을 막을 수 없듯이 이 세상의 것들은 영적인 근심을 막아 주지 못한다. 세상적인 기쁨에는 날개가 달려 있다."고 하였습니다. 오늘 우리 주변에서 흔히 볼 수 있는 것 중에 정말 놀라운 사실은 예수 믿는 사람들 중에서도 행복을 이런 외적인 것에서부터 찾으려는 이들이 너무 많다는 사실입니다. 예수님은 한 번도 돈 많은 사람이 행복하다고 말씀하신 적이 없습니다. 높아지면 행복하다고 말씀하신 적도 없습니다. 잘 먹고 좋은 집에 살면 행복하다고 말씀하신 적도 없습니다. 그럼에도 불구하고 오늘 신실하다는 그리스도인들조차도 세상 사람들이 추구하는 행복에만 연연하는 이들이 많은 것은 놀라운 일입니다. 예수님이 주시는 복은 이 세상의 것으로는 채울 수 없다는 것을 전제합니다.

우리는 다시 생각해야 합니다. 가치의 기준을 다시 설정해야 합니다. 우리의 신앙 수준을 높여야 합니다. 예수님이 말씀하시는 복은 이 세상에서 말하는 그런 차원의 행복이 아닙니다. 가난해져도 행복하고, 감옥에 갔어도 행복하고, 병이 들었어도 행복하고, 직업을 잃었어도 행복하고, 밥을 굶어도 행복하고…. 이 행복은 그 누구도 소멸시킬 수 없는 본질적이며 근원적인 행복입니다.

오늘날 소위 성공한(?) 그리스도인 지도자들 중에는 경제적인 번영, 성공과 인기를 약속하는 이들이 더러 있습니다. 안타깝게도 오늘 우리 한국교회 강단에서 자주 들을 수 있는 제안입니다. 그러나 예수님은 "가난한 자가 복이 있다."(눅 6:20)고 말씀하십니다.

예수님이 말씀하시는 복은 분명합니다. 이 세상의 것으로는 절대로 행복할 수 없다는 것입니다. 세상에서 행복을 찾는 것은 죽은 자들 중에서 산 자를 찾는 것과 같습니다.

그리스도인이 된다는 것은 경제적으로 어려운 여건에서도 가진 자들보다 더 행복하게 산다는 것을 보여 줘야 하고, 건강을 잃어도 건강한 자들보다 더 행복하게 산다는 것을 보여 줄 수 있어야 합니다. 사도 바울이 "누구든지 그리스도 안에 있으면 새로운 피조물이라 이전 것은 지나갔으니 보라 새 것이 되었도다."(고후 5:17)라고 말할 때 새로운 피조물이란, 가치의 전도(顚倒)를 뜻하는 말입니다. 이전에 추구하던 가치관을 포기하고 새로운 가치에 대한 눈이 열렸다는 의미입니다. 우리가 예수를 믿는다고 하면서도 전혀 가치관에는 변화가 없다면 다시 생각해야 합니다. 세속적인 사람들이 추구하는 복에 절대 가치를 두고 신앙생활을 한다는 것은 부끄러운 일입니다. 예수 그리스도가 약속해 주신 복은 어떤 경우에도 녹슬지 않고, 마모

되지 않고, 무너지지 않고, 없어지지 않고, 그 누구도 빼앗을 수 없는 영원한 행복입니다.

큰일을 이루기 위해 힘을 주십사 하나님께 기도했더니
겸손을 배우라고 연약함을 주셨습니다.
많은 일을 해 낼 수 있는 건강을 구했더니
보다 가치 있는 일 하라고 병을 주셨습니다.
행복해지고 싶어 부유함을 구했더니
지혜로워지라고 가난을 주셨습니다.
세상 사람들의 칭찬을 받고자 성공을 구했더니
뽐내지 말라고 실패를 주셨습니다.
구한 것 하나도 주시지 않았지만,
내 소원 모두 들어 주셨습니다.
하나님의 뜻을 따르지 못하는 삶이었지만,
내 맘 속에 진작에 표현 못한 기도는 모두 들어 주셨습니다.
나는 가장 많은 복을 받은 사람입니다.

– 작자 미상

(2009년 9월)

소박한 삶

　지금까지 살아온 날들을 돌아보면 모자람을 채우기 위한 노력이었다 해도 과언은 아닌 것 같습니다. 보이는 것에서부터 보이지 않는 것까지 온통 채우는 일에만 혈안이 되었습니다. 가난하게 살 때는 허기진 배를 채우기 위해, 한때는 빈 머리를 채우기 위해 이 학교 저 학교를 기웃거리며 애를 쓰던 때도 있었습니다. 지금까지 살아오는 동안 언제나 허기를 느끼며 채워도 또 채워야 한다는 강박관념에서 살아왔던 것 같습니다. 시장에 가면 먹을 것을 사서 냉장고를 채웁니다. 입을 옷이 없는 것은 아닌데 유행 따라 새 옷을 사서 옷장을 채우기도 합니다.

서점에 가면 여전히 지적 호기심을 자제하지 못하고 이 책 저 책을 사서 서가를 채웁니다. 기회가 있을 때마다 이것저것 필요하다고 생각되는 것들을 구입하여 집 안을 채웁니다.

이제 와서 주변을 둘러보니 여기 저기 많은 것들로 가득 채워진 것을 봅니다. 밤이면 누울 침상도 있고 옷장을 열어 보니 입을 옷도 가득 채워져 있습니다. 냉장고를 열면 먹을 것이 채워져 있습니다. 서재에 들어서면 책도 쌓여 있습니다. 이렇게 채워진 것들을 바라보면서 이 모든 것이 욕심의 산물은 아닌가 하는 생각이 들자 많이 부끄러웠습니다.

사람은 누구나 살아가는 연륜에 따라 이전에는 없었던 것들이 쌓이게 마련입니다. 집도 마련하게 되고, 가재도구들도 많아지고, 당장 사용하지도 않는 물건들도 소유합니다. 다른 사람들보다 더 많은 것을 소유한 자들을 성공한 사람들이라고 말합니다. 자본주의 자유경제체제를 갖고 있는 나라에서 부(富)는 곧 성공의 지표입니다. '더 많이' 소유하기 위해 끝없는 경쟁을 하며 사는 것이 우리의 현실입니다. 가진 것이 적은 사람들은 평생 더 채우기 위해 노력합니다. 더 많이 소유하는 것이 곧 행복을 점령할 수 있는 유일한 길이라고 믿고 말입니다. 사람이 얼마만큼 소유해야 하는지에 대한 정답은 사람마다 다르겠지만, 자제하는 마음이 없다면 끝없는 욕망의 노예가 되어 채워도 채워도 모자람을 느끼며 살게 될 것 같습니다.

이제 저는 나이가 들면서 철이 드는 건지, 아니면 어리석은 생각인지, 소유에 대한 새로운 눈이 열리기 시작했습니다. 내 주변에 쌓여 있는 이 모든 것들이 정말 내게 필요한 것들인가 하는 생각을 한 것입니다. '혹시 다른 사람들의 눈을 의식한 것은 아닌가?' 따져 보니 지금 내가 가진 것의 절반이 없어도 생활하는 데 전혀 불편할 것 같지 않습니다. 그리고 언젠가는 다 버리고 가야 한다는 생각을 할 때, 그동안의 수고의 열매가 허무하다는 생각도 듭니다. 아무리 좋은 집을 소유하고 수만 평의 땅을 가진들, 그 누구도 그 집을, 그 땅을, 영원히 자기 것으로 만들지는 못합니다.

사람들은 이 평범한 사실을 알고 있으면서도 죽기 전까지도 채워야 한다는 원초적 습성을 버리지 못합니다. 모든 것에 허기를 느끼며 사는 이들을 주변에서 많이 봅니다.

'당신이 소유하고 있는 그 소유가 바로 당신 자신임을 알아야 한다.'는 말이 있습니다. 이제는 좀 더 단순하고 소박하게 살았으면 좋겠다는 생각을 자주 합니다. 사들이고 차지하고 한

동안 사용하다가 시들해지면 버리고, 그래서 쓰레기를 만들어 내는 소비의 순환에서도 벗어나고 싶습니다. 내 안에 도사리고 있는 욕망의 전차를 멈추게 하는 일이 필요하다는 생각을 합니다.

저는 최근에 농부 철학자 피에르 랍비라는 사람을 책을 통해 알게 되었습니다. 이분은 원래 아프리카 알제리에서 태어나 프랑스 양부모를 만나 프랑스에서 자라고 교육을 받은 농부 철학자입니다. 한때는 파리에서 은행원으로 일을 하기도 했고, 음악과 문학에도 탁월한 재능이 있는 가톨릭 신자입니다. 그런 그가 도시 생활을 접고 프랑스 남부 아르데슈라는 농촌 마을로 귀농을 합니다. 그는 이곳에서 화학 비료와 살충제를 쓰지 않는 새로운 영농법을 개발하여 전 세계에 자연 친화적인 유기농 농산물을 생산 보급하는 일을 천직으로 알고 살았습니다. 저는 이분의 삶에서 많은 것을 얻을 수 있었습니다. 이분은 자기 식구들이 먹을 수 있는 분량 이상의 농토를 갖지 않았습니다. 더 많이 소유하기 위해 더 넓은 땅을 구하지 않았습니다. 꼭 필요한 것 외에는 관심이 없었습니다. 그리고 고된 노동의 노예가 되려고 하지 않았습니다. 가족들이 먹을 수 있는 양만큼의 소득을 얻으면 나머지 시간을 활용하여 음악을 연주하거나 글을 쓰는 일, 다른 이들에게 새로운 자연 친화적인 농사법을 가르치는 일로 시간을 썼던 것입니다.

생산을 늘려 부를 창출하기 위해 소나 닭을 집단적으로 사육하는 행위를 보고, 그는 인간의 탐욕적 행위를 성토하며 인간 존재의 극단적인 잔인성을 드러내는 것이라고 개탄했습니다. 인간도 동물도 다 신성한 하나님의 피조물인데, 그들이 누려야 할 기본적 자유를 박탈하면서까지 좁은 공간에 가두어 생산을 극대화하기 위해 잔인한 사육을 하고 있는 것이 얼마나 무서운 범죄인가를 지적합니다. 그리고 그는 소수의 가진 자들의 탐욕으로 인해 굶주리는 지구촌의 가난한 자들에 대한 연민을 잃지 않고 있습니다.

세계개발경제연구소 발표에 의하면, 지금 우리가 살고 있는 지구촌에서 세계 상위 2%에 속하는 부자들이 세계 부(富)의 절반 이상을 소유하고 있으며, 하위 50% 계층이 차지하고 있는 부의 비중은 전체의 1%에 불과하다고 소개합니다. 지역별로는 북미와 유럽, 일부 아시아에 90%의 부가 편중돼 있으며, 같은 국가 안에서도 상위권으로 부 집중현상이 심화되고 있습니다.

세계 '상위 10%' 계층이 세계 부의 85%를 보유하고 있다는 것입니다. 결국 90%의 사람들은 세계 부의 15%를 갖고 살아, 지구에 빈익빈 부익부의 심화 현상이 앞으로 더 심각해질 것이라는 진단입니다. 제한된 자원을 가진 세계 속에서 물질에 대한 우리의 욕심은 다른 사람들에게 가난과 궁핍을 조장하는 것이 될 수 있습니다.

지금 우리나라는 누가 봐도 경제적으로 성공한 나라입니다. 그러나 역시 우리에게도 점점 소수의 가진 자들이 부를 점유하는 비율이 많아지면서 갖지 못한 자들은 더 심각한 박탈감을 느끼면서 희망을 잃어 가고 있습니다. 정부가 서민 위주의 정책을 구현하기 위해 노력하고 있긴 합니다. 그런데 정책도 중요하지만, 더 중요한 것은 가진 자들의 이기적인 탐욕을 자제하는 자기반성입니다.

아무리 불황이라 해도 고급 백화점의 매출에 큰 변화가 없는 것은 소수의 가진 자들이 비싼 명품들을 구입하는 비율이 늘어나기 때문이라고 합니다. 우리나라 대부분의 땅을 지극히 적은 소수의 사람들이 점령하고 있다는 것은 다 잘 아는 현실입니다. 그중에는 우리 그리스도인의 수도 적지 않을 것입니다. 만일에 우리 그리스도인들이 자기에게 꼭 필요한 것만 구입하고 나머지는 가난한 사람들을 위해 배려를 한다면, 우리나라에 가난한 사람들의 수를 대폭 줄일 수 있지 않을까 하는 생각을 합니다. 우리는 그렇게 필요하지도 않고 크게 기쁨을 주지도 못하는 물건들에 매달려 살아갑니다. 대체로 우리에게 꼭 필요해서 물품을 구입하기보다는 다른 사람들에게 과시하거나 보여 줄 목적으로 물건을 사는 경우도 많습니다. 대중 매체들은 우리에게 유행에 뒤떨어지는 것을 수치처럼 여기게 유도하거나 세뇌합니다. 스타일이 오래된 옷을 입거나 자동차를 오랫동안 타고 다니는 것을 수치로 여기는 문화를 만들어 가고 있습니다. 이러한 비성서적인 문화는 교회까지 침투하여 수많은 그리스도인들의 의식을 좀먹게 하거나 도둑질하고 있습니다.

인색과 절약은 분명히 다르지만, 오늘날 우리는 축재를 절약으로 포장하며 욕심을 근면으로 위장합니다. 예수님은 탐심을 버리라 하였건만, 우리 안에 채우지 못한 탐욕의 공간을 확장하는 일을 교회가 더 부추기는 일도 있습니다. 축복이라는 이름으로 말입니다. 얼마나 채워야 할지 모르겠습니다. "현대의 영웅은 가난한 사람이 부자가 된 사람이지 부자가 자원하여 가난하게 된 사람은 아니다."라고 리처드 포스터는 말합니다. 그러나 우리 그리스도인들이 추구해야 할 진정한 영웅은, 부자가 모든 것을 다 나누어 주고 자신은 스스로 가난을 감수하는 이들이어야 합니다. 그러나 오늘 우리 교회는 여전히 가진 자들에게만 스포트라이트를 보내고 있습니다.

예수님은 한 부자 청년에게 하나님 나라를 원한다면 그의 소유를 다 팔아 가난한 사람에게 나누어 주고 나를 따르라고 하셨습니다(마 19:16~22). 우리가 하나님 나라를 진정으로 발견한 사람들이라면 밭에 보화를 발견한 사람처럼 그의 전 재산을 다 팔아야 할 것입니다.(마 13:45~46)

앞으로 우리 그리스도인들이 어떻게 살아야 하나님이 원하시는 삶일까? 이젠 좀 고민이 필요할 것 같습니다. 너무 소유에만 매달려 살기보다는 주님이 그토록 원하시는 그의 나라와 의를 위해 우리의 관심을 모아야 할 때입니다. 만일 우리가 여전히 세속적인 가치관에 매몰되어 세상 사람들처럼 소유에만 집착한다면, 복음이 주는 진정한 기쁨과 행복을 경험하기는 요원할 것입니다.

이제는 우리 그리스도인들이 소유한 물건으로 말하기보다는 우리의 검소함과 정직함과 소박한 삶을 통해 감동을 줄 수 있어야 합니다. 집을 살 때나 자동차를 구입할 때도 다른 사람들에게 어떤 인상을 줄 것인가를 묻지 말고, 나와 우리 가족들에게 알맞은가를 우선해야 합니다. 옷으로 사람들에게 영향을 주려고 하지 말고 생활로 영향을 주도록 해야 합니다. 웨슬리는 다음과 같이 말합니다. "의복에 관하여 나는 가장 질긴 것과 아주 수수한 것을 구입하며 가구를 사는 경우는 꼭 필요한 것과 싼 것을 구입한다."

필요 없는 물건을 쌓아 두는 것은 참으로 어리석은 일입니다. 먼지를 털고 정돈하는 수고를 해야 합니다. 저는 미국에서 목회를 하면서 성도에게 여러 차례 집안에서 쓰지 않는 물건들을 교회에 가져오게 해서 꼭 필요한 이들에게 나누어 주는 일을 한 일이 있습니다. 그것은 모든 이에게 의미 있고 보람을 주는 행사였습니다. 내게는 크게 소용되지 않은 것들이 다른 사람들에게는 꼭 필요한 경우가 많습니다.

사람들은 모든 것을 다 가져야 만족하다는 생각을 합니다. 조금만 눈을 뜨면 내가 소유하지 않아도 얼마든지 즐기는 법을 터득할 수 있습니다. 지금 제가 살고 있는 아파트 앞에 산 하나가 늘 그 자리를 지키고 있습니다. 저는 그 산을 바라보면서 하나님이 참 훌륭한 정원을 내게 허락해 주셨다는 생각을 하면서 아침마다 감사하고 있습니다.

가진 것에 감사하며 욕심이 우리 안에서 보채지 못하도록 우리의 시선을 주님께 맞추고 그분이 살았던 소박함을 우리는 잊지 말아야 합니다. '점점 더 많이'라는 생각은 곧 '착취'의 생각이라고 피에르는 말합니다. 이제 우리도 사고의 전환이 필요합니다. 이 땅의 모든 사람이 다 같이 잘사는 일을 위해 고민해야 합니다.

(2009년 10월)

어리석은 사람, 지혜로운 사람

스티브 잡스(Steve Paul Jobs)는 2007년 〈포춘〉이 최고의 CEO 로 선정한 미국에서 주목받고 있는 사람입니다. 그는 애플 (Apple) 컴퓨터사 대표이며, 픽사(Pixar) 애니메이션 대표이기도 합니다. 그런 그가 지난 2005년 미국의 명문 스탠포드 대학 졸업식에서 다음의 세 가지 요지로 축사를 했습니다.

첫째는 "인생의 전환점을 가지라." 입니다.

미혼모에게서 태어난 그는 양부모의 집에 입양되어 자라다 가 17세에 대학에 입학하였지만, 노동자였던 양부모가 비싼 등록금을 감당할 수 없어 자퇴를 하고 말았습니다. 콜라 빈 병을 모아 판 돈으로 끼니를 해결하기도 하였습니다. 그러나 그는 그런 환경에서도 포기하지 않고 그의 관심사였던 서체(書體) 연구에 몰두하였습니다. 그 후 10년 만에 세계 최초로 가장 아름다운 글꼴을 가진 매킨토시 컴퓨터를 출시하는 데 성공하였습니다. 그는 이렇게 말합니다. "우리 삶에서 경험하는 모든 사건은 결국 우리 삶에 연결되는 것이므로 예사로 넘기지 말아야 한다."

둘째는 "사랑과 상실(love and lose)에 관한 것"입니다.

그는 일찍부터 그가 사랑하는 것이 무엇인가를 알았습니다. 그는 스무 살이 되던 해 친구 워즈와 함께 부모님의 집 차고에서 애플이라는 회사를 차렸습니다. 10년이 지난 후 그 회사 직원은 4,000명이 되었습니다. 연 20억 달러 규모의 대기업으로 성장했습니다. 그러나 그가 매킨토시 컴퓨터를 출시한 지 얼마 되지 않아 해고를 당하고 말았습니다. 자신이 창업한 기업에서 해고를 당한 그는 한동안 절망하였지만, 그것이 도리어 그의 인생 최고의 전환점이 되었습니다. 새로운 다짐을 갖고 출발하였고, 그 후 5년 동안 NeXT라는 회사와 Pixar라는 회사를 만들어 컴퓨터 애니메이션 영화인 〈토이스토리〉를 제작하였습니다. 그것은 현재 세계에서 가장 유명한 애니메이션 스튜디오가 되었으며, 그는 다시 애플로 돌아갔고 애플은 지금도 컴퓨터 계의 세계적인 회사로 주목받는 기업으로 성장했습니다. 그의 연설은 이렇게 이어졌습니다. "양약은 쓴 법입니다. 살다 보면 때로는 머리에 돌을 맞는 때가 있습니다. 그러나 믿음을 잃지 말아야 합니다. 저는 확신합니다. 저를 계속 이끌어 온 힘은 바로 제가 하는 일을 사랑했다는 사실입니다. 사랑할 만한 가치 있는 일을 찾으십시오. 연인을 찾는 것과 마찬가지로 일을 찾는 것이 진실로 중요합니다."

셋째는 "죽음에 관한 것"입니다.

그는 약 2년 전에 췌장암 선고를 받았을 때 모든 희망의 문을 닫았습니다. 앞으로 잘 하면 3개월에서 6개월 이상 살 수 있을 것이라는 진단을 받고 주변을 정리하고 있었습니다. 그런데 다시 병원에서 조직 검사를 하다가 놀라운 사실을 발견했습니다. 이 췌장암은 수술로도 회복이 가능했고, 지금 그는 죽음에서 잠시 멀어질 수 있게 되었습니다. 그가 죽음을 현실감 있게 직면한 후부터 죽음은 남의 얘기가 아니라 바로 자신의 얘기임을 알게 되었습니다. 그는 이렇게 말합니다. "죽고 싶은 사람은 아무도 없습니다. 천국에 가고 싶어 하는 사람들조차도 죽음은 두려워합니다. 그 누구도 이 죽음을 피할 수 있는 사람은 아무도 없습니다. 왜냐하면 죽음은 생명이 만들어 낸 최고의 발명품이기 때문입니다. 죽음은 생명의 변화 인자이며, 죽음은 옛 것을 처분하고 새 것을 수용할 자리를 만들어 내는 것입니다. 지금은 여러분이 새 것처럼 젊었지만, 언젠가 육체는 낡을 것입니다. 그러고는 언젠가 우리의 육체는 쓰레기처럼 땅에 묻히게 될 것입니다."

그는 축사를 다음과 같은 말로 결론하였습니다. "내가 어릴 적에 1960년대 후반 〈The Whole Earth Catalog〉라는 잡지가 있었습니다. 인기 있던 잡지였는데 그만 1970년 말에 경영난으로 문을 닫았습니다. 그 때, 이 잡지를 만들던 스튜어트 브랜드라는 사람은 최종 호를 만들어 내면서 한가한 시골 풍경이 그려진 그림 아래 다음과 같은 글귀를 넣어 두었습니다. 'Stay Hungry. Stay Foolish.' (계속 갈구하라. 그리고 바보처럼 살아라.)" 스티브 잡스가 스탠포드 대학 졸업식에서 한 축사의 제목은 바로 "Stay hungry. Stay foolish."였습니다.

"바보처럼 살아라." 이 역설적인 요구가 왜 이 시대에 화두가 되어야 할까요?

위대한 사도 바울 역시 "아무도 자신을 속이지 말라. 너희 중에 누구든지 이 세상에서 지혜 있는 줄로 생각하거든 '어리석은 자'가 되라. 그리하여야 '지혜로운 자'가 되리라."(고전 3:18)고 했습니다. 바울이 사용한 '어리석다'(fool)는 단어는 '저능아'(moron)라는 말과 같은 뜻입니다. 바울은 아테네의 지식인들과 아그립바 왕 앞에서 로마 총독 베스도한테 '미치광이'(moron)(행 26:24), 즉 '정신박약자'라고 힐난을 받았습니다.

당대 타의 추종을 불허할 만한 지성을 가진 그가 왜 바보로 취급을 받아야 했을까요? 그가 정말 바보였기 때문이라기보다는 '바보처럼 비치는 자'였기 때문입니다.

진짜 바보와 바보처럼 보이는 것은 다릅니다. 우리가 따르는 예수님 역시 예외는 아닙니다. 예수님은 자기 가족들에게 '바보' 취급을 받았으며, 결국은 로마 친위대와 유대교 지도자들 앞에서 어리석은 자로 매도되고 말았습니다. 그리고 바보 같은 왕의 모습을 하고 조롱거리가 되어 십자가에서 죽어 가실 때에도 예수님은 가장 어리석은 바보처럼 보였습니다.

오늘날 우리는 모두 바보가 되기를 죽기보다 싫어하는 시대에 살고 있습니다. 다른 사람들에게 "바보"라는 말을 듣는 것은 가장 치욕적이며 치명적으로 자존심을 상하게 하는 말입니다.

유능한 자로, 지혜로운 자로, 능력이 있는 자로, 다 인정받고 싶어 하지 바보가 되고 싶어 하는 이는 없습니다. 사람이 무식하거나 무능하거나 어리석어서 다른 사람들에게 멸시를 받거나 소외를 당하면 그보다 더 불행한 일은 없을 것입니다. 그러므로 사람마다 바보가 되지 않기 위해 부단한 노력을 경주합니다. 열심히 공부도 하고, 기술도 연마하고, 실력을 키우곤 합니다. 유능한 인물이 되고 어디를 가나 당당한 삶을 살 수 있을 만큼 실력도 있고 재력을 갖는 것이 나쁘다고 할 수는 없습니다. 남보다 특별한 기술이나 지혜를 가져도 경쟁자가 많아서 요사이는 먹고살기가 어려운데 미련해서 어떻게 살 수 있느냐고 반문할 수도 있을 것입니다. 우리가 사는 이 세상은 철저한 상대주의가 깊이 뿌리를 내리고 있습니다. 권리를 주장하고 누구라도 내 권리를 침해하면 용납할 수 없는 세상에 살고 있습니다. 눈곱만큼의 손해도 보지 않으려고 하고 만약 손해를 보는 때는 억울해서 견디지 못하여 송사가 다반사가 되었습니다. 그런데 이런 세상에서 바보처럼 살라고요?

오늘날 교회 안에서까지도 "바보가 되라"는 주님의 요구는 얼마나 무색해지고 있는지 모릅니다. 자기 자신을 버리는 것은 웃기는 짓이고, 자기 이익을 포기하는 것은 어리석은 짓이며, 자기 보호를 포기하는 것은 용납할 수 없는 행위로 간주됩니다.

그동안 교회는 세상을 긍정하는 입장과 부정하는 입장 사이에서 긴장을 견지해 왔습니다. 그러나 오늘날 교회들은 대체로 전자에 기울어지고 있습니다. 사방에서 그리스도인들도 세상과 적당히 어울리면서 '사용자 편의적'인 복음을 전하고 있습니다. 오늘 우리 한국교회 강단은 승자 예찬으로 가득차고 있습니다. "꼬리가 되는 것은 수치다. 머리가 되라."고 부추깁니다. 패자(敗子)들은 설 자리를 주지 않습니다. 모두가 성공주의에 매몰되어 세상에서 성공한 자들은 축복을 받은 자들이고 실패자나 낙오자들은 저주 받은 자로 치부되고 있습니다.

오늘 우리 한국교회는 너무 똑똑해진 것이 탈입니다. 교회가 세상을 힘과 돈으로 이기려고 합니다. 세상은 교회의 정복 대상이 아니라, 변화의 대상입니다. 오늘날 교회가 세상을 물리적인 정복의 대상으로 삼으려는 것은 복음이 아닙니다. 주님이 오늘 우리에게 요구하시는 것은 자명합니다.

예수님은 그를 따르는 제자들을 향하여 "누구든지 나를 따라오려거든 자기를 부인하고 자기 십자가를 지고 나를 따르라."(마 16:24)고 하셨습니다. 우리는 이러한 예수님의 말씀을 들을 때마다 고민이 많습니다. 정말 남보다 내가 이유도 없이 낮아져야 하고, 박해도 받으며, 손해도 보고, 대신 죽어 줄 수 있을까 하는 문제가 우리 믿는 자들에게 대두될 때, 어떻게 해야 할지 망설이게 될 때가 많습니다. 사도 바울은 그리스도인이 된 후, 세상적으로 보면 손해가 많았습니다. 우선 핍박을 많이 받았습니다. 굶기도 하고 옥에도 갇히고 매도 여러 번 맞고 죽을 뻔한 일이 여러 번 있었습니다. 세상적으로는 실패자의 전형이었습니다. 그러나 바울은 "무명한 자 같으나 유명한 자요, 죽은 자 같으나 보라 우리가 살아 있고 징계를 받는 자 같으나 죽임을 당하지 아니하고 근심하는 자 같으나 항상 기뻐하고 가난한 자 같으나 많은 사람을 부요하게 하고 아무것도 없는 자 같으나 모든 것을 가진 자로다."(고후 6:9, 10)라고 웅변합니다.

오늘 우리 교회들이 비전을 말하지만, 지배하는 비전, 차지하는 비전, 남을 주관하고 통제하는 비전, 언제나 앞에 서 있기만을 바라지 뒤에 숨어 있기를 원치 않습니다. 어디서나 어리석은 바보가 되어서는 안 된다는 것으로 철저하게 정신 무장을 시킵니다. 그러나 주님은 우리에게 "하나님을 위해 어리석은 자가 되라."고 요구하십니다. 왜 이러한 요구를 하실까요? 예수님이 바보처럼 살았기 때문입니다. 오늘 우리 현실에서의 가치관으로 보면 정말 예수님은 어리석게 바보처럼 사신 분이십니다. 마찬가지로 "그리스도를 따르는 모든 사람은 그리스도를 위한 거룩한 바보가 되도록 부름받았습니다."(본 회퍼)

우리 그리스도인들이 자기를 비우고 주님을 위해 바보가 되고, 우리가 하는 일을 보는 사람들이 우리를 보고 "저 사람들은 바보처럼 살고 있다."고 말해 줄 때, 비로소 오늘 실추된 우리 한국교회의 위상은 회복될 것입니다. 오늘 교회가 너무 영민한 것이 탈입니다.

중요한 것은 "바보 또는 어리석은 자"라는 이 부끄러운 말을 누가 하느냐에 따라 그 의미는 전혀 달라질 수 있습니다. 사람들이 우리를 바보나, 어리석은 자라고 말하는 것은 진짜 바보나 어리석은 자가 아닐 수 있습니다. 그러나 하나님이 "넌 정말 바보야, 너는 어리석은 자야." 하신다면 그는 정말 어리석은 자가 되는 것입니다.

우리는 세상에서 어리석은 자가 되는 것을 부끄러워하지 말아야 합니다. 오직 예수님만 사랑하기 때문에 어리석음을 자초

할 수 있는 자만이 참으로 지혜로운 자가 됩니다. 그러므로 결코 세상이 우리를 어리석은 바보들이라고 하는 말을 두려워하지 말아야 합니다. 세상에서는 어리석은 자가 하나님에게는 지혜로운 자일 수 있으며, 세상에서는 지혜롭다는 자들이 하나님에게는 어리석은 자가 될 수 있기 때문입니다.

"이 세상에는 결국 두 종류의 사람이 있을 뿐이다. 하나님께 '당신의 뜻이 이루어지이다.'라고 말하는 사람들과 '내 뜻이 이루어지이다.'라고 말하는 사람이다."(C. S. 루이스)

(2008년 2월)

유일한 청중

19세기 말에 미국에서 가장 성공한 기업가는 강철 왕 앤드류 카네기(Andrew Carnegie)였습니다. 그는 그의 자서전에서 "1881년 7월 27일은 내 생애 최고의 날이었다."고 고백합니다. 그가 이 날을 자신의 생애 중 최고로 행복한 날이라고 한 것은 이런 이유가 있습니다.

원래 그는 영국 북쪽 스코틀랜드 무명 노동자의 아들로 태어나, 너무 가난해서 미국으로 이민을 간 사람입니다. 미국 피츠버그 빈민가에서 주당 1달러 20센트(1,000원)를 받으며 노동자

생활을 하던 그가 '기업가 나폴레옹'이라는 칭호를 받을 만큼 미국의 대 부호가 되었습니다. 사업에 성공한 그가 그의 어머니와 함께 대서양을 건너 특별 제작된 황제가 타는 황금 마차를 타고 고향 스코틀랜드 던펌라인이라는 시골로 향해 가던 날이 1881년 7월 27일입니다. 카네기 일가를 태운 황금으로 제작된 4두 마차는 스코틀랜드 국기와 영국, 미국 국기를 흔드는 환영 인파들의 환영을 받으며 어린 시절 배고팠던 그의 고향으로 돌아온 것입니다. 그날 환영 인파 중에는 시장과 저명인사들이 있었습니다. 왜 이날이 카네기와 그의 어머니에게 잊을 수 없는 행복한 날이었을까요? 오래 전, 가난을 이기지 못해 고향을 등지고 대서양을 건너 미국으로 이민을 갈 때, 어머니는 하염없는 눈물을 흘리셨습니다. 그때 어머니의 눈물을 본 어린 카네기는 어머니의 두 손을 잡고 울음을 그치라고 위로하였습니다. "어머니, 우리가 언젠가 성공해서 멋진 4두 마차를 타고 금의환향할 날이 있을 거예요. 슬퍼하지 마세요."

그 후 카네기는 수십 년 만에 전 세계인이 부러워하는 사업가가 되어 눈물로 떠났던 스코틀랜드 고향 작은 시골 마을로 돌아왔습니다. 카네기는 일생 중 자기를 알아주는 고향 사람들의 환영을 받으며 금의환향했을 때가 그의 생에서 가장 행복한 순간이었다고 고백한 것입니다. 사람들은 누구든지 자신을 알아주는 사람들이 있을 때, 행복을 느낍니다.

저는 미국에서 이민목회를 하는 동안 이민자들의 고민을 보았습니다. 그들의 고민 중 하나는 소위 무명(無名)성입니다. 아무도 알아주는 사람이 없음으로 느끼는 소외감과 고독감입니다. 아무리 돈을 많이 벌고 좋은 집에서 살고 고급 자동차를 타고 다녀도 봐주고 알아주는 사람이 없기 때문에 언제나 고독감과 소외감을 느끼며 사는 이들이 많았습니다. 그래서 이민 와서 사업에 꽤 성공한 분들 중에는 기회만 되면 한국 정계에 진출하기 위해 기를 쓰는 이들이 있는데, 이것도 같은 맥락에서 이해할 수 있습니다.

저도 비슷한 경험을 하며 살았던 기억이 있습니다. 아무리 미국에서 목회를 열심히 하고 교회가 부흥해도 알아주는 사람이 없다는 생각을 할 때가 있었습니다. '한국에 있었으면 나도 지금쯤은 꽤 괜찮은 교회에서 목회를 할 수 있었을 텐데'(물론 그렇지 않을 수도 있다.) 하는 생각이었습니다. 아무도 알아주지 않는 이국 땅, 한 모퉁이에서 이름도 없이 일생을 산다는 것은 인간적으로 퍽 쓸쓸한 일이 아닐 수 없습니다. 카네기가 황금으로 만든 4두 마차를 타고 고향으로 갈 때가 가장 행복했다고 고백했던 것처럼 사람들은 누군가에게 인정을 받고 싶어 하는 인정 욕구에 기갈(飢渴)하고 있습니다.

거부가 되었다고 하더라도 아무도 그를 알아주지 않을 때, 노래를 잘하는 성악가나 천재적인 바이올리니스트가 아름다운 명연주를 한다 할지라도 청중이 없는 음악회는 무의미합니다. 화가가 자기 딴에는 훌륭한 작품을 그렸다고 하지만, 봐주는 사람이 없는 그림은 백지와 같습니다. 인간은 누구나 의식적으로든지 무의식적으로든지 청중의 찬사를 생각하면서 일을 하기 마련입니다. 작가에게는 자기 작품을 읽어 주는 독자, 연극배우에게는 관람하는 관객, 연주가에게는 연주를 들어주는 청중이 있어야 하듯이 우리의 삶에도 우리의 청중이 있어야 살맛이 납니다.

아무도 나를 눈여겨보지 않는 인생이라면 얼마나 초라해지겠습니까? 성공 여부는 사람들의 박수 소리와 비례한다 해도 틀린 말은 아닐 것입니다. 많은 박수를 받는 사람일수록 행복하고 그 박수가 적을수록 우리의 삶은 비참해질 수밖에 없습니다. 누구든 때때로 나를 위해 박수를 쳐 주는 분들이 많지 않기 때문에 불행을 느낄 때가 있을 것입니다.

우리는 누구나 음악가가 연주를 하듯 자신의 삶을 연주하며 살아갑니다. 음악가가 연주를 할 때, 물론 많은 청중들이 박수를 쳐 주고 환호해 주면 행복한 일이지만, 사실 그보다 더 중요한 것은 '어떤 청중에게 인정받고 있느냐'입니다.

예를 들면 어떤 음악가가 베토벤의 음악을 연주했는데 사람들이 잘했다고 박수를 쳐 주고 환호를 하고 기립 박수를 한다 해도, 베토벤을 제대로 아는 사람들이 그 연주를 실패작이라고 말한다면 의미는 달라집니다. 베토벤을 제대로 아는 사람이 그 연주가 정말 훌륭했다고 해야 진짜 잘한 연주가 되는 것입니다. 그림도 마찬가지입니다. 우리가 볼 때는 참 아름다운 그림 같은데 전문가들이 볼 때는 졸작처럼 보일 수 있습니다. 반대로 우리가 볼 때는 별것 아닌 것 같은데, 그림을 제대로 볼 줄 아는 사람들이 볼 때는 상상할 수 없는 고가의 작품일 수도 있습니다.

최근에 화제가 되었던 로이 리히텐슈타인의 그림 〈행복한 눈물〉은 아무리 봐도 그 값이 300억 원을 호가한다는 것이 이해되지 않습니다. 그러나 그 그림의 진가를 아는 이들이 그 값을 주고 구입하는 것은, 보는 눈이 다르기 때문입니다. 그러므로 명연주나 명작품이 되려면 누가 평가하느냐가 중요합니다. 마찬가지로 우리가 사람들에게 많은 박수를 받아도 하나님이 박수를 쳐 주시지 않으면 그 삶에는 의미도 없고 진정한 행복도 없습니다.

여러 가지 정황으로 미루어 볼 때, 아브라함은 당시 사업가적인 기질이 있어 그냥 고향에서 살아도 성공할 확률이 많았던 사람입니다. 그런데 어느 날 하나님이 아브라함에게 "너는 너의 고향과 친척과 아버지의 집을 떠나 내가 네게 보여 줄 땅으로 가라."(창 12:1) "나는 전능한 하나님이라, 너는 내 앞에서 행하여 완전하라."(창 17:1)는 소명을 주신 것은 "아브라함아! 네 고향의 사람들을 네 청중으로 삼지 말고 오직 하나님을 청중으로 삼고 살아라."는 말씀과 같은 뜻으로 하신 것입니다. 그래서 아브라함은 어디를 가든 하나님을 청중으로만 삼고 살았던 사람입니다.

우리 예수 믿는 사람들은 어디를 가든지 무엇을 하든지 사람을 의식하기보다는 하나님 앞에서 사는 사람들, 즉 '코람데오'(coram deo, 神前意識)로 살도록 부름받았습니다. 그리스도인이 된다는 것은 사람들을 청중으로 삼기보다는 하나님만을 청중으로 삼고 살겠다는 결단입니다.

진정한 하나님의 사람들은 하나같이 세상의 청중을 따돌리고 유일한 청중(the Audience of One)이신 하나님 앞에서 산 사람들입니다. 성서에 나타난 믿음의 영웅들은 모두 하나님 앞에서 살았던 사람들입니다. 모세는 이집트의 호화로운 궁중에서 박수를 받으며 살던 생활을 포기하고 40년을 미디안 광야에서 무명 생활을 하며 하나님 앞에서 살았습니다. 이사야는 소명을 받고 3년 동안 벌거벗은 채 외롭게 하나님만 청중으로 삼고 살았습니다. 또 바울은 어떠했습니까? 세상 사람들에게 그토록 기대와 촉망을 받던 그는 다메섹 사건 이후 아라비아 빈들에서 오랜 세월을 하나님 앞에서 살았으며, 요한 역시 밧모에서 외롭게 오직 유일한 청중이신 하나님 앞에서 살았습니다.

오늘 우리의 문제는 내가 행한 의와 성공과 업적이 세상에

널리 알려지기를 바라는 것입니다. 남이 나를 알아주지 않을까 봐 전전긍긍합니다. 유명인이 되고 싶어 안달입니다. 그래서 더 높이 오르고 싶어 합니다. 더 널리 알려졌으면 합니다. 예수님 당시 바리새인들 역시 그들의 의를 자랑하며 알리고 싶어 했던 것처럼 말입니다. 그들은 사람들이 보는 앞에서 기도하기를 좋아했습니다. 금식도 보이기 위한 금식이었습니다. 구제도 남의 눈을 의식하는 위선적인 선행이었습니다. 그들은 사람들을 청중으로 삼고 살았습니다. 그런데 우리 예수님은 "그들의 모든 행위를 사람에게 보이고자 하나니 곧 경문의 띠를 넓게 하며 옷 술을 길게 하고 잔치의 윗자리와 회당의 높은 자리와 시장에서 문안 받는 것과 사람에게 랍비라 칭함 받는 것을 좋아 하느니라."(마 22:5~7)고 책망하셨습니다. "구제할 때, 오른손이 하는 것을 왼손이 모르게 하라."(마 6:3) "기도할 때도 사람들 보는 데서 하지 말고 안 보는 골방에서 하라."(마 6:6) 그래도 은밀한 중에 계시는 우리 하나님이 다 보고 계신다고 말씀하셨습니다.

지난해 성탄절, 구세군 자선냄비에 이름을 밝히지 않고 익명으로 수천만 원을 보내온 이가 있었다는 보도가 있었습니다.

이들이야말로 하나님을 유일한 청중으로 삼고 살아가는 이들입니다.

영국의 명재상 윈스턴 처칠(Winston Churchill)을 심히 공박하는 동료 국회의원이 있었습니다. 그에게 지나친 공박과 비난을 받고도 처칠 경은 아무런 반응을 보이지 않고 이렇게 말했다고 합니다. "내게는 단 한 분의 청중이 있을 뿐입니다. 그분 앞에서 내가 부끄럽지만 않다면 다른 사람이 나를 무엇이라 비난한들 아무 상관이 없습니다." 처칠은 그를 비난하는 청중의 말에 귀를 기울이지 않고 언제나 유일한 청중이신 하나님의 음성에 귀를 기울이는 삶을 살았던 대표적인 사람입니다.

우리는 가끔 북한 주민들이 큰 군중대회를 할 때면 김정일 국방 위원장이 우레 같은 박수를 받는 장면을 목격합니다. 아마도 이 지구상에서 가장 많은 박수를 받은 사람 중 한 사람이 아닌가 합니다. 그러나 수천만 명의 환영과 함성, 박수가 있어도 그것이 결코 한 사람의 위대성을 입증하지는 못합니다. 우리가 어디에서 무엇을 하며 살든지 하나님을 유일한 청중으로 삼고 살면 세상 그 누가 뭐라고 해도 두렵지도, 부럽지도 않고 당당하게 살아갈 수 있을 것입니다.

　내 귀에 사람들의 박수 소리 들리지 않는다고 서러워하거나 안타까워하지 않고 언제나 우리를 주목하며 살피시는 주님 앞에서 살 때, 우리는 부끄럽게 살지 않을 것입니다. 만인이 나에게 박수를 쳐 줘도 하나님이 박수쳐 주시기를 꺼리신다면 우리의 삶은 실패이지만, 만인이 우리를 외면하고 비난할지라도 하나님이 박수를 쳐 주시면 우리의 삶은 성공입니다.

　오늘 우리는 누구를 청중으로 삼고 살아야겠습니까? 바울은 말합니다. "이제 내가 사람들에게 좋게 하랴, 하나님께 좋게 하랴, 사람들에게 기쁨을 구하랴, 내가 지금까지 사람의 기쁨을 구하는 것이었다면, 그리스도의 종이 아니니라."(갈 1:10) 중요한 것은 우리에게 청중이 있느냐 없느냐가 아니라, 어떤 청중을 갖고 있느냐입니다.

　"인생을 살아갈수록 난파당하지 않기 위해서 북극성에 의거해서만 방향을 조정하는 것이 필요하다. 한마디로 하나님 한 분께만 맡기는 것이 필요하다는 사실을 더 많이 느끼게 된다. 그리고 결코 사람의 호의나 미소에 주목해서는 안 된다는 것을 깨닫게 된다. 그분이 당신에게 미소 짓고 계시다면 사람의 미소나 찡그림에는 상관할 필요가 없기 때문이다." (찰스 고든)

(2008년 3월)

눈물을 다시 찾는다면
희망이 있습니다

"내 생애 중 가장 많은 눈물을 흘렸습니다." 놀라운 사실은 이들 중 "지난 며칠은 내 생애에 가장 행복한 날이기도 했습니다."라고 말하는 분들이 많다는 것입니다. 눈물과 기쁨은 전혀 다른 감정의 표현임에도 사실은 동시적인 현상입니다. 그들이 흘리는 눈물은 소녀 때의 감상을 넘어선 회개의 눈물이기에 기쁨을 수반합니다. 회개의 눈물만이 진정한 기쁨을 가져다 줄 수 있기 때문입니다.

진리의 보루인 교회

　부끄러움 없는 삶으로 보답하고 싶은데 세상살이가 그리 녹록하지 않습니다. 이런 저런 유혹과 시험이 많습니다. 초심을 잃고 때때로 현실과 타협을 할 때도 있습니다. 그럴 때마다 진리는 외면당하고 슬퍼하겠지요. 주님보다는 사람을 우선하는 경우가 너무 많은 것 같습니다. 급한 것 때문에 중요한 것이 뒤로 미뤄집니다. 진리에 목숨을 걸 만한 용기를 갖고 산다는 것이 쉽지 않습니다. "진리의 기둥과 터"(딤전 3:15)인 살아 계신 하나님의 교회가 무너져 가는 현실을 보는 것도 안타깝습니다. 교회가 현실과 타협하게 되는 데는 나름대로 핑계가 있습니다.

기독교가 너무 엄격해서는 안 된다는 생각은 상식이 되고 있습니다. 세상 문화를 외면하는 것은 시대정신에 맞지 않는다고 말합니다. 무엇보다 진리를 사수한다는 것을 전통을 지켜야 한다는 꼴통 보수주의자들의 넋두리쯤으로 여기기도 합니다. 그러나 이런 생각은 참으로 위험합니다. 진리는 보수와 진보로 구획 지을 수 없는 자유를 보장받습니다. 그래서 예수님은 "진리를 알지니 진리가 너희를 자유롭게 하리라."(요 8:32)고 하셨습니다. 진리는 시간과 지역과 인종과 문화를 초월하여 언제나 그 자리에서 고고히 제 위치를 지키고 있습니다. 문화나 정치적 환경이 진리를 삼킬 수 없습니다. 진리는 영구불변합니다.

역사는 진리를 부인하느니 차라리 죽음과 고문을 선택한 사람들로 넘쳐나고 있습니다. 자신이 믿고 있는 진리를 위해 수많은 순교자들이 목숨을 바쳤습니다. 우리가 아는 대로 초대 교회 열두 사도들 중에 요한을 제외한 모든 사도가 진리를 위해 목숨을 바쳤던 순교자들입니다. 반기독교 정서가 치열했던 초기 교회를 살았던 많은 순교자들은 진리를 사수하기 위해 목숨을 초개처럼 버렸습니다. 익나티우스(Ignatius)와 폴리캅(Polycarp)은 진리의 전사들이었습니다. 그들은 사도 요한의 제자들로서 로마 황제 앞에서 로마에 충성을 강요받았을 때 한

번만 무릎을 꿇어도 살 수 있었지만, 그들은 그렇게 하지 않았습니다. 그 결과 피에 주린 폭도들이 지켜보는 가운데 야수들의 밥이 되기도 하였고, 타오르는 장작더미에 눕힌 채로 화형에 처해지기도 하였습니다. 폴리캅은 "지난 86년간 주님을 섬기면서 그가 한 번도 나를 잘못된 길로 가게 하지 않고 구원해 주셨는데, 내가 어찌 왕을 욕되게 할 수 있단 말인가?" 하고 진리를 위해 죽음을 선택했습니다.

지난 2000년의 기독교 역사는 진리에 목숨을 걸었던 이들의 피로 이룩한 열매입니다. 그럼에도 불구하고 오늘 우리가 사는 시대에는 몇몇 나라를 제외하고는 거의 핍박을 경험해 본 일이 없는 환경에서 신앙생활을 하고 있습니다.

우리나라 역시 예외가 아닙니다. 일제 강점기에 처음 선교가 시작된 후 한동안 우리나라도 믿음을 지켜 내기가 쉽지 않았던 시절이 없었던 것은 아닙니다. 주기철, 손양원, 전덕기와 같은 진리를 사수하기 위해 목숨을 걸었던 거목들이 있었던 것은 한국교회의 자랑입니다. 그러나 건국이 수립된 후 지금까지는 외압이나 핍박을 모르고 지냈습니다. 그것은 오늘 우리 한국교회의 양적인 성장에 도움을 주기도 하였지만, 체질을 허약하게 하는 데도 한몫을 하였습니다. 진리로 자유를 향유하는 데는 반드시 때때로 지불해야 하는 무엇이 따릅니다. 예수님은 자기의 제자가 되려면 반드시 십자가를 져야 한다고 말씀하셨습니다. (눅 9:23~26)

오늘 우리 한국교회 현실을 볼 때, 진리를 위해 십자가를 지겠다고 나설 사람보다는 십자가를 외면하고 좀 더 편리한 기독교를 선택하려고 하는 이들이 많다는 데 문제의 심각성이 있습니다. 복음의 진리성을 지키면서 어렵고 힘이 들더라도 반드시 지불해야 할 무엇이 있어야 함에도 불구하고, 안타깝게도 그 무엇을 지불하려는 사람들이 많지 않습니다. 진리는 점점 외면당하고 진리를 위해 싸워야 한다는 전사들의 응집력도 많이 약화되었습니다. 대부분의 그리스도인들은 이 세상과 적당한 타협을 하면서 사이좋게 지내기를 바라고 있는 것 같습니다. 이러한 풍토는 교회의 정체성에 혼란을 가져다주고 말았습니다.

사람들은 편리성을 우선하며 교회를 선택합니다. 교회를 선택하면서도 실리를 우선 생각합니다. 이러한 풍토는 교회가 수요에 민감하게 반응하여 그 공급을 채우기 위해 온갖 수단들을 동원하게 합니다. 교회는 사람들에게 '근사한' 곳이 되기를 기대합니다. 그 기대에 부응하기 위해 교회는 세상의 요구를 따라 변신에 변신을 거듭하며 왜곡된 교회 상을 만들어 내고 말았습니다. 우선 우리나라에 건축되고 있는 예배당들은 하나같이 사람들의 편리성만을 위해 설계되고 있습니다. 교회가 점점 극장처럼 만들어지는 것은 실용성을 우선하는 비그리스도인 설계자들의 논리를 무비판적으로 수용한 결과입니다.

교회의 사명은 시대를 막론하고 하나님의 말씀이 계시하는 진리를 선포하는 것입니다. 그것은 사람들의 눈치에 좌우될 수 없습니다. 교회는 진리를 지키는 보루가 되어 하나님의 말씀을 바로 전하고, 하나님을 위한 교회가 되어야만 진리가 주는 진정한 자유를 누릴 수 있습니다. 하나님의 영광을 위해 지켜져야 할 진리의 복음이, 사람들의 요구를 만족시키기 위해 너무나 많이 변질되거나 훼손되고 말았습니다.

진리의 복음이 자의적인 아전인수식의 해석으로 도둑질 당하고 있는 것은 이단들만의 전유물이 아닙니다. 이런 현상은 공인받고 있는 많은 교회 안에서도 쉽게 찾아볼 수 있습니다. 진리는 진리이기 때문에 사사로운 생각과 기호와 자기 욕망을 위해 자의적으로 해석할 권한이 우리에게는 없습니다. 시대에 맞지 않아 받아들이기가 힘들다는 이유로 진리를 무시하거나 버리는 일도 있을 수 없습니다. 성경의 진리는 그 누구도 혼란에 빠뜨리지 않을 정도로 분명합니다. 오늘의 강단이 흔들리지 않고 진리의 첨병(尖兵)이 되어 현실과 거리를 두면서 손해를 보는 한이 있더라도 성경이 말하는 대로만 말한다면, 어떤 일이 일어날까요? 교회가 하나님의 말씀인 성경만이 진리라는 흔들리지 않는 확신으로 현실과 타협을 거부하면, 교회가 손해를 보게 될까요? 절대로 그런 일은 없을 것입니다.

참으로 안타깝고 불행한 것은 오늘 우리 교회가 진리를 진리라고 당당하게 선포하지 못하고 눈치를 보는 사이에 사탄은 교회에 치명적인 바이러스를 침투시켰습니다. 이유는 대체로 사람들의 이성과 구미에 맞도록 복음을 재해석해야 한다는 명분이었습니다. 마치 미켈란젤로의 조각품에 손을 대는 것과 같은 우를 범한 것입니다. 더 달콤한 복음을 팔아 수익률을 높이자는 발상이었습니다. 그러나 그것은 포도주에 물을 탄 것과 같이 되고 말았습니다.

오늘날 교회가 교회의 기능을 회복하고 진리의 보루가 되려면 무엇보다도 진리에 대한 확고부동함을 유지하는 결단이 필요합니다. 결코 시대의 유행과 사조에 흔들리지 말아야 하니다. 오늘날 교회가 가장 많은 영향을 받고 있는 것은 사람들이 포스트모더니즘(post-modernism)의 상대주의에 흔들리고 있는 점입니다. 모든 것이 불확실하기 때문에 절대 진리는 존재하지 않는다는 사조가 이 시대 사람들의 의식을 지배하고 있습니다.

포스트모더니즘은 최악의 범죄만을 악으로 규정할 뿐, 악과 선의 경계를 모호하게 만들고 말았습니다. 그러므로 기독교 복음의 진리성도 신뢰할 수 없다는 것입니다. 포스트모더니즘이 지향하는 목표는 절대적인 진리까지도 파괴하려는 것입니다. 그러면서 복음의 진리성에 재를 뿌리고 회의주의의 씨를 뿌리기 시작했습니다.

절대 진리는 없다는 것입니다. 복음을 상대화하여 임의적인 해석을 가능하게 하였고, 전통적인 신학이 위협을 받으며 흔들리기 시작하였습니다. 피조물인 인간이 하나님의 절대적인 권위에 정면으로 도전하면서 진리를 수정하자는 이들이 생겨나기 시작했습니다. 모든 확실성은 모호해지고 말았습니다. 교회 내부에서조차도 성경의 영감성도 구원의 비밀도 예수 그리스도의 구주되심도 재고의 여지가 있다는 자들의 목소리가 높아지고 있습니다.

이런 사조에 교회의 권위는 지진을 만난 것처럼 흔들리고 있습니다.

우리는 이런 때일수록 예수 그리스도가 주님이시며, 모든 믿는 자들에게 영원한 생명을 보증해 주신다는 진리가 훼손되지 않게 정신을 차려야 합니다. 사탄들의 유형무형의 공격을 받고 있는 이런 때일수록 흔들리지 않는 진리를 위한 전사가 되어야 할 것입니다.

선교를 핑계로 거짓 복음을 마치 진리인 것처럼 포장하여 싸구려로 판매하는 이들을 막아야 합니다. 초기 교회 때부터 거짓 선지자들은 언제나 교회에 근심을 가져다주었습니다. 지금도 목회자의 이름으로, 교회의 지도자라는 이름으로 이런 가짜 복음을 진리처럼 홍보하는 이들이 더러 있습니다. 그들은 자신들의 정욕을 위해 위장술에 능합니다(유 1:18~19). 그것은 육체적 쾌락(유 1:7)과 돈과 재물에 대한 탐욕(유 1:11), 혹은 권력욕(유 1:11)을 위한 것입니다. 그들은 진리의 복음을 이익의 수단으로 삼고 있습니다. 복음을 상품가치로 보고 있습니다. 하나님의 말씀을 진리로 선포하기보다는 사람들의 구미에 맞추기 위해 모든 수단을 동원하고 있습니다. 오늘날 많은 목회자들이 골몰하는 것은 "무엇이 진리냐?"가 아니라 "무엇이 효과가 있느냐?"에 더 관심이 많습니다. 진리가 실용주의 철학에 밀려나고 있습니다. 사람들의 구미에 맞게 진리의 복음이 희석되고 변질되고 있다는 것은 슬픈 현실입니다. 오늘날 교회 지도자들이 지나치게 최신 유행을 따르느라 너무 분주한 나머지 정말 놓치지 말아야 할 것, 성경을 읽고 진리를 사수하려는 본래적인 사명을 소홀히 하고 있는 것은 아닌지요? 설교를 항상 간략하고 단순하게 예화로 포장하여 개인의 경험이나 사람들의 관심을 끌기 위한 농담이나 재미있는 얘기들로 채우는 경우는 없는지요? 그리스도의 주 되심과 그를 높이는 일보다는 사람들에게 잘 사는 비결을 가르치는 데만 관심을 쏟고 있는 것은 아닌지요?

진리는 하나님이 명령하신 것입니다. 그리고 그 진리만이 우리를 살리는 능력이 있습니다. 그러므로 더 이상 타협은 없습니다. 참 그리스도인에게 진리는 포기할 수 없는 것입니다. 교회가 전해야 할 유일한 진리는 피 묻은 복음입니다. 만일에 이것을 소홀히 하거나 배제하는 한 미래의 교회는 희망이 없습니다. 하나님의 사람들은 세상과 타협하면 당장 얻는 소득이 있을지라도 결국은 더 많은 것을 잃게 된다는 것을 유념해야 합니다.

(2009년 12월)

큰 사람, 센 사람

　지난달 대선을 앞두고 신문에서 "큰 사람, 센 사람"이라는 칼럼을 읽었습니다. 앞으로 5년을 책임져야 할 대권 후보들의 면면을 살펴볼 때, 하나같이 센 사람은 되고 싶어 하지만, 큰 사람의 면모를 보기가 어렵다는 내용이었습니다. 여당 측에서는 지난 5년간의 실정으로 민심 이반이 심화되었음에도 불구하고 이미 얻은 정권을 놓치지 않기 위해 필사적인 노력을 기울였고, 야당 측에서는 도덕적인 하자가 있음에도 불구하고 정권을 재탈환하겠다는 의지를 불태우고 있었습니다. 이들 중에는 권력(權力)과 금력(金力), 지력(知力)과 체력(體力)을 가진 힘 있는 센 사람들은 있어도 살신성인(殺身成仁)의 자세로 사람들에게 존경과 사랑을 받을 만큼 지도자로서 신뢰받을 만한 큰 사람이 부재하다는 것이었습니다. 그래서 지도자를 택할 때, 최선(最善)을 택하는 것이 아니라 최악(最惡)이 아닌 차악(次惡)이라도 택한다는 이들이 많았습니다.

안타깝게도 오늘 우리 한국교회 역시 센 사람들은 많은데 큰 사람을 찾기가 어려워졌습니다. 교회는 힘센 강자보다는 만인들에게 우러러 존경을 받고 사랑받는 큰 사람이 필요한데 교회도 예외 없이 모두가 힘 센 강자들이 스포트라이트를 받고 있는 것이 현실입니다. 센 사람은 어떤 사람이겠습니까? 자신에게 주어진 힘을 통해 많은 사람들을 휘하에 두어 호령하며 복종을 강요하고 자신이 원하는 일을 거침없이 관철하려는 야심이 있는 자일 것입니다. 우리가 구주로 믿고 따르는 예수님이 땅에 계셨던 동안 도무지 그에게서 강성의 이미지를 찾기는 어렵습니다. 누구도 그를 강자 곧 센 사람으로 보지는 않았습니다. 주전 700년경에 선지자 이사야는 장차 오실 메시아에 대하여 다음과 같이 예언하고 있습니다. "그는 주 앞에서 자라나기를 연한 순 같고 마른 땅에서 나온 뿌리 같아서 고운 모양도 없고 풍채도 없은즉 우리가 보기에 흠모할 만한 아름다운 것이 없도다. 그는 멸시를 받아 사람들에게 버림받았으며, 간고를 많이 겪었으며 질고를 아는 자라 마치 사람들이 그에게서 얼굴을 가리는 것 같이 멸시를 당하였고 우리도 그를 귀히 여기지 아니하였도다."(사 53:2~3) 이 예언대로 이 땅에 메시아로 오신 예수 그리스도는 가장 낮은 자리인 짐승의 구유에서 태어났습니다. 하나님의 아들로 오시면서도 전혀 어울리지 않은 모습으로 오셨습니다. 고운 모양도 없었습니다. 위풍당당한 풍채를 찾을 수가 없었습니다.

평생을 사시는 동안 무제약적인 신적 능력을 갖고 있음에도 불구하도 가진 능력을 과시하거나 남용하신 일이 없었습니다. 공생애를 출발하면서 광야에서의 40일 금식은 인간 예수님에게도 사선을 넘는 생과 사의 고비였을 것입니다. 그런 그분에게 사탄은 "돌이 떡이 되게 하라."(마 4:3) "성전 꼭대기에서 뛰어 내려라."(마 4:5) "천하를 줄 테니 내게 절하라."(마 4:9)고 유혹했습니다. 그러나 주님은 무능한 태도로 일관하였습니다. 사실 주님은 얼마든지 돌을 떡으로도 만들 수 있었으며 발을 돌에 부딪치지 않을 수도 있었고 천하를 다스릴 만한 힘과 능력이 있었습니다. 그러나 주님은 끝까지 센 사람이라는 강성

이미지를 보여 주지 않았습니다. 지극히 무능한 자처럼 보였습니다.

예수님의 제한 없으신 신적인 힘은 언제나 타인들의 유익을 위해서만 사용되었습니다. 그 힘으로 그는 병든 자를 고쳐 주셨습니다. 죽은 자들을 살리고 배고픈 자들에게 먹을 것을 주는 데 사용하셨습니다. 그는 그를 해치는 사람들 앞에서 순한 양처럼 한 번도 힘으로 그들과 맞서지 않았습니다. 예수님을 배신한 제자 유다가 대제사장과 장로들을 이끌고 예수님을 체포하기 위해 검과 몽치를 들고 찾아왔을 때, 제자 중 한 사람이 검(劍)을 들었을 때도 예수님은 "네 검을 도로 집에 꽂으라, 검을 가지는 자는 다 검으로 망하느니라."(마 26:52)고 타이르며 힘으로 대응하는 제자의 실책을 나무라셨던 것입니다.

오늘날 우리 한국교회가 이전 같지 않고 무력해진 것은 센 사람이 없어서가 아닙니다. 교회에서도 센 사람들은 얼마든지 찾아볼 수 있습니다. 교회가 세인들의 걱정의 대상으로 전락하게 된 것은 돈(金力)이 없어서도 아니고 실력 있는 인재가 없어서도 아닙니다. 크고 웅장한 아름다운 예배당이 없어서도 아닙니다. 교인 수가 적어서는 더더구나 아닙니다. 그리스도인의 수가 전 국민의 25%를 상회한다면 그동안 우리 기독교가 대중에게 사랑을 받지 않고서는 불가능했던 일입니다. 한때 서울 강남에서는 교양인의 덕목으로 기독교인 되는 것과 성서를 공부하는 것이 필수였던 때가 있었습니다. 그러나 언젠가부터 그리스도인이라는 자신의 신분을 감추고 싶어 하는 사람들이 점점 많아지고 있다는 것은 슬픈 일입니다.

오늘 우리 한국교회가 상실한 권위를 회복하기 위해 필요한 것은 힘 센 자가 아니라 큰 사람이 많아야 합니다. 큰 사람은 가장 예수님을 닮은 사람을 말합니다. 그에게는 허세가 없습니다. 자기 자랑도 없습니다. 어디서나 양보하며 높은 자리를 탐하지 않습니다. 남의 발을 닦아 줍니다(요 13:5). 왼 편의 뺨을 치면 오른 편 뺨도 내어 줍니다(마 5:39). 속옷을 달라 하면 겉옷도 줍니다(마 5:40). 오 리를 가자면 십 리를 가 줍니다(마 5:41). 사람들을 위해 자기의 목숨을 내어 놓습니다(마 20:28). 그래서 늘 손해만 봅니다. 사람들은 그런 자들을 어리석은 자라고 치부합니다. 예수님은 타인을 위해 어리석은 자로 살았습니다. 그래서 사람들은 그를 '거룩한 바보'라고 부릅니다.(오스기니)

진정한 강함은 약함에서 나옵니다. 교회가 힘이 생기면 생길수록 역설적으로 능력과 권위를 잃게 됩니다. 교회는 모름지기

보이는 힘보다는 보이지 않는 힘에 의존하여야 합니다. 우리가 믿는 예수님은 강자가 아니라 크신 하나님이십니다. 그분에게는 보이는 힘은 없어도 모든 사람을 굴복시키는 진정한 힘이 있습니다.

"서양 문화가 묘사한 예수님의 모습은 상당 부분 로마 제국의 영광과 권력의 이미지가 투사된 것이었습니다. 예수님은 친히 선지자 이사야가 묘사한 고난받는 종으로 오셨습니다. 멸시받고 배척당한 그는 고통의 사람, 병고에 익숙한 분이셨습니다. 남들이 그를 보고 얼굴을 가릴 만큼 그는 멸시와 천대만 받았습니다."(엔도 슈사쿠)

많은 이들에게 영적 도전을 주고 있는 미국의 저명한 작가 필립 얀시는 다음과 같이 고백합니다. "복음서를 연구하면서 나는 수학 공식으로 만들 수 있을 만큼 일관된 패턴을 발견할 수 있었다. 예수님은 불경하고 온전치 못하며, 모자라는 사람들에게 더 매력을 느끼셨다. 의롭고 자신감이 넘치고 스스로 건강하다고 여기는 사람에게는 호감을 갖지 않은 것을 발견할 수 있었다." 예수님의 말씀에서 성공이나 우월성을 촉구하는 말씀을 한 번도 찾아볼 수가 없습니다. 그는 스스로 강자가 되는 것을 원치 않았습니다. 그럼에도 불구하고 오늘날 그리스도인들은 모두가 강자가 되고 싶어 안달입니다. 그리스도인이라고 말하면서도 지나치게 세속적인 성공주의에 집착하고 있습니다. 크고 많은 것을 선호합니다. 높은 자리에 천착합니다. 일등주의에 매몰되고 있습니다. 앞서고 높아지고 많이 가져야 힘이 있는 것으로 착각합니다. 진정한 힘은 가시적이며 물량적인 것으로 가늠할 수 없는 것입니다. 사람들은 비전과 야망을 혼동하고 있습니다. 야망은 이기적이며 비전은 타자본위를 뜻합니다. 야망이 자기 지경을 넓히고자 하는 욕심이라면 비전은 자기를 축소하여 타자들의 지경을 넓히는 것을 뜻합니다. 그러므로 야망은 죽음이 무덤이라면 비전은 하나님 지향적이며 천국의 지경을 확대하는 거룩한 꿈입니다. 오늘 우리에게 필요한 것은 야망의 사람보다 거룩한 비전을 갖고 사는 이들입니다.

최근 후임 목사 문제로 내홍을 앓고 있는 한 교회 소식을 들었습니다. 갈등의 중심에는 서로 자신들이 원하는 목회자를 모셔야 한다는 주장을 앞세워 힘으로 대결하고 있다는 것입니다. 교회가 죽어가도 교인들은 자신들의 이기적 생각은 포기하지 않고 한 예배당에서 시간차로 예배를 드린다고 합니다. "예물을 제단에 드리다가 거기서 네 형제에게 원망들을 만한 일이 있는 것이 생각나면 예물을 제단에 두고 먼저 가서 형제와 화목하고 그 후에 와서 예물을 드리라."(마 5:23~24)고 하시던 주님의 요구는 거절되고 자신들의 지분을 위해 한 치의 양보가 없이 무한 경쟁으로 치닫고 있습니다. 그들이 드리는 예배에 초청을 받으신 주님이 그들의 예배에 정중히 불참하시겠다고 말씀하시고 쓸쓸히 떠나가시는 뒷모습을 상상하면 가슴이 아픕니다. 안타깝게도 주님의 부재 중에 드리는 예배가 이 땅에 한두 군데이겠습니까? 예수님의 실망이 이만저만이 아닐 것 같아 참 부끄럽습니다. 모두가 센 사람은 되고 싶어 하는데, 정작 주님이 그토록 원하시는 큰 사람이 되고자 하는 사람을 찾기가 어렵습니다.

큰 사람은 양보하는 사람입니다. 누구에게나 신뢰를 받습니다. 존경을 받고 사랑을 받습니다. 정치력이나 돈의 힘으로 사람들을 복종시키는 것이 아니라 예수님을 닮은 인격과 삶을 통해 사람들을 감동하게 합니다. 취함으로가 아니라 줌으로 높임을 받습니다. 움켜만 쥐려고 하는 데 있지 않고 언제나 손을 펴 나눠주기를 좋아합니다. 큰 사람과 센 사람의 차이는 천국과 지옥의 차이입니다. 큰 사람들은 양보하고 이해하고 나누며 사랑합니다. 높아지려 하지 않습니다. 그들은 남이 나보다 잘되는 것을 더 좋아합니다.

　그리스도의 몸인 교회가 회복되기 위해서는 센 사람보다 큰 사람이 필요합니다. 교회는 더 이상 힘이 소리치는 곳이 되어서는 안 됩니다. 어느 선교지에서는 선교의 미명으로 폭력까지 난무한다니 언어도단입니다. 힘(force)이 거하고 예수의 영(Spirit)이 도래하여 새로워진 사람들이 교회를 채울 때 교회의 위상은 회복되고 진정한 새 힘(power)으로 무장할 수 있을 것입니다.

　영국인들은 인도를 주고도 바꿀 수 없는 사람이 있다면 셰익스피어라고 자랑합니다. 그만큼 한 사람 셰익스피어는 영국 역사에서 그들의 자존감을 높인 인물입니다. 인도와도 바꿀 수 없을 정도라면 그의 영향력이 얼마인가를 가늠할 수 있습니다. 그러나 나사렛 예수는 자기 동족에게 배신을 당하고 십자가에서 죽어갔던 인물입니다. 그럼에도 불구하고 러시아의 작가 도스토예프스키는 "우리 집에 셰익스피어가 찾아오면 맞아들이기는 하겠지만, 예수님이 찾아오신다면 나는 그를 기다렸다가 우리 집에 들어오시기 전, 동구 밖까지 마중을 나가 그의 발 앞에 엎드려 '나의 주, 나의 하나님'이라고 말할 것이다."라고 고백한 일이 있습니다. 셰익스피어는 예수님보다는 강자이지만,

약하고 무능했던 예수님과는 비교할 수 없다는 말인 듯합니다. 우리가 믿는 예수 그리스도는 강한 자, 센 분이 아니라, 큰 분이 셨습니다. 우리도 그분을 닮아 센 사람이 되기보다는 큰 사람이 되기 위해 노력한다면 오늘 우리 한국교회의 위상은 달라질 것입니다.

"내 무례한 행동으로 복음이 거부당하는 일이 없게 하시고 내 무지로 인하여 복음이 무시당하지 않게 해 주소서."(유진 피터슨)

(2008년 1월)

부족하지 않은 복음인데…

　작가 박완서 씨는 「옳고도 바른 당신」이라는 책에서 우리나라 사람들은 어린 아이들을 보면 덕담을 하는데 "아, 그놈 참 잘생겼다. 장군감이네, 대통령감이네, CEO감이네." 그러면 다 좋아한다는 것입니다. 그런데 그리스도인들은 자기 아이를 보고 "너 예수님 닮아 예수님처럼 살아라." 그러면 많은 이들이 좋아만 하지는 않습니다. 예수님처럼 가난하게 될까 봐, 예수님처럼 고생하며 살까 봐.

　예수님을 믿는다는 사람은 많은데 예수님처럼 살려는 사람은 많지 않습니다. 바로 믿고 제대로 행하는 것은 가난해지는 것이요, 성공도 못하고 평생 고생만 하는 것이라는 인식이 팽배합니다. 그래서 참으로 아이로니컬하게도 예수는 믿으면서 예수님처럼 살기 싫어하는 자기모순을 갖고 있습니다. 예수님을 믿는다는 것은, 예수님처럼 살고 싶어서, 예수님을 모델로 삼고 그분처럼 살겠다는 마음으로 그리스도인이 되는 것입니다. 그럼에도 불구하고 오늘 한국에서 그리스도인이 된다는 것은 예수님의 교훈과 그분의 삶의 방식을 닮지 않고 전혀 다른 길로 가고 있는 것은 아닌지 모르겠습니다.

한국교회의 선교 일면에서 위와 같은 모습을 찾을 수 있습니다. 우리는 그동안 선교에 많은 힘을 기울였지만 간과했던 것이 있습니다. 선교는 곧 예수님의 복음, 그분의 말씀과 삶을 전하는 것입니다. 선교는 결국 예수님이 주체요, 내용이며, 목적이기도 합니다. 그런데 그동안 한국교회는 누구보다 열심히 선교하였지만, 선교의 내용인 그리스도의 복음은 바르게 이해하지 못한 것 같습니다. 너무 많이 변질된 복음을 확대 재생산하여 국내와 외국에 보급하고 수출하지 않았나 생각해 봅니다.

우리에게 가장 화급한 문제는 복음의 실체, 곧 진실을 바로 인식하는 일입니다. 이 말은 예수님의 말씀과 교훈, 그분의 삶인 복음이 그동안 너무 많이 왜곡되었다는 것입니다. 예수님의 진정성, 그분의 정체성이 너무 많이 왜곡되고 변질된 것이 문제입니다. 그러므로 우선되어야 할 것은 복음을 복음 되게 하는 작업입니다. 그동안 우리는 비본래적인 것을 복음의 실체인 양 수용하고 용납하는 오류를 범했습니다. 오늘 한국교회의 모습은 예수님의 말씀과 그분의 삶과는 많은 괴리가 있습니다. 우리는 그동안 가난하셨던 예수님을 외면해 왔습니다. 우리 주님은 고난을 받으셨는데 우리는 고난을 피하려고만 했습니다. 그저 물질적인 축복과 세상에서의 성공이 복음의 본질인 양 잘못 이해하고 있습니다.

신자들이 많아지면서 교회가 힘 있는 강자로 세상에 비치기 시작하였습니다. 그리고 교회가 성장하면서 어느새 개교회주의에 빠지고 말았습니다. 그래서 세상 사람들은 "교회가 자기만 안다."고 비난합니다. 그러나 교회는 이 땅에서 그리스도의 몸으로서의 기능을 하기 위해 존재합니다. 세상의 모든 교회는 주님이 사람의 몸을 입고 이 땅에 오셔서 하신 말씀과 삶을 재현하기 위해 존재합니다. 교회가 선교의 중심에 서 있는 것도 바로 이 사명을 다하기 위함입니다. 예수님은 자기를 내어주고, 비우고, 섬기며, 십자가를 지고 죽기까지 희생하셨는데 안타깝게도 오늘 우리 교회들은 자꾸만 채우려고 합니다. 더 높이, 더 크게 하는 데에만 관심이 많습니다.

한국교회의 급선무는 복음을 사수하는 일입니다. 교세확장이 선교의 목적은 아닙니다. 선교는 예수님입니다. 복음입니다. 그러므로 우선해야 할 것은 예수님을 예수님 되게 하는 일입니다. 이것은 믿는 사람들이 예수님의 삶을 재현할 때 가능합니다. 우리는 복음적인 삶을 살기 위해 노력해야 합니다. 복음적으로 산다는 것은 적어도 예수님 흉내라도 낼 만큼 어느 정도 근사치에는 가야 하는 것입니다.

안디옥의 이그나시우스(Ignatius of Antioch)는 "예수 그리스도가 아버지를 본받은 것 같이 그리스도를 본받아라."고 말합니다. 모든 거룩한 성자들의 모델이 예수님이었습니다. 바울이 그랬고 웨슬리가 그랬고 이용도가 그랬습니다. "내가 그리스도를 본받는 것처럼 너희도 나를 본받는 자가 되라."(고전 11:1)고 하면서 바울은 고린도교회 교우들에게 자신이 얼마나 주님을 본받기 위해 살았는지를 보여 주고 있습니다. 본받는다는 'Imitators'라는 말은 '관찰하고 모방한다.'는 뜻입니다. 예수님이 12제자를 부르시고 그들을 훈련시키면서 "자기와 함께 있게 하였던 것"(막 2:14)은 보고 배울 수 있는 기회를 제공하신 것입니다. '본받는다'라는 말은 오늘날 많이 쓰이는 '멘토링' (Mentoring)이라는 말보다 훨씬 깊은 의미가 있습니다. 말로 듣기만 하는 것이 아니라, 행위를 모방함으로 생활이 습관화되고 인격과 삶이 되게 하는 것을 말합니다. 교육의 가장 효과적인 방법은 보고 배우게 하는 것이라고 합니다. 오늘 우리 교회가 그동안 취약했던 것은 믿는 사람들이 그리스도처럼 되지 못한 데 있습니다.

오스기니스는 이렇게 말합니다. "우리의 교사이신 예수 그리스도는 참된 삶의 본을 보여 주시고 그리스도 안에 있는 자를 훈련하신다. 그분은 명령을 하시지만, 언제나 그 명령을 친히 실행하시며 본을 보여 주셨다. 그는 섬기라 하면서 친히 제자들의 발을 닦아 주셨고, 사랑하라 명령하시면서 원수까지도 사랑하셨으며, 그는 용서하라 명령하시면서 스스로 십자가상에서 자기의 원수들을 용서하시는 본을 보여 주신 것이다."

우리가 다른 사람에게 복음을 전할 때, "예수 믿으세요."라고 하는 말은 "당신도 나처럼 사세요."라는 책임이 수반되지 않으면 공허한 것이 될 것입니다. 그동안 우리의 선교가 신뢰를 받지 못한 것은 복음을 전하면서도 복음을 생활화하지 않았기 때문입니다. 따라야 할 행위가 수반되지 않았던 것이 문제였습니다. 한 번은 예수님께서 예루살렘에서 바리새인들과 서기관들을 만났습니다. 그들은 예수님에게 왜 유대교 전통을 따르지 않고 율법을 지키지 않았느냐고 따졌습니다. 그때 주님은 이사야의 말씀을 인용하여 이렇게 말씀하셨습니다. "이 백성이 입술로는 나를 공경하되 마음은 내게서 멀도다. 사람의 계명으로 교훈을 삼아 가르치니 나를 헛되이 경배하는도다."(마 15:8~9)라고 말씀하셨습니다.

목숨을 걸고 지켜야 할 복음의 진정성이 너무 많이 변질되고 있습니다. 복음을 인간의 구미에 맞는 상품으로 만들려는 노력이 유행처럼 번지고 있습니다. 교인들을 고객 수준으로 격하시켜 더 많은 이윤을 창출하려는 것을 목회 성공의 지름길이라고 여기는 이들이 점점 많아지고 있습니다. 대형 교회들이 다 그런 것은 아니지만, 상당한 교회들은 담임목사님을 CEO로 여깁니다. 그뿐 아니라 우리 한국교회가 목회의 신기술로 엔터테인먼트를 도구로 사용하는가 하면, 교회 성장을 위해서는 온갖 세속적인 방법을 다 동원합니다. 복음이 사람들을 설득하고 변화시키는 데 부족하다고 여기기 때문은 아닌지요.

오늘 한국교회가 살아나는 길은 없을까요? 복음이 복음으로서의 권위를 회복하면 됩니다. 성경의 권위가 교회 안에서부터 확실해지면 가능합니다.

바울 사도는 "나는 복음을 부끄러워하지 않습니다. 이 복음은 유대사람을 비롯하여 그리스 사람에게 이르기까지, 모든 믿는 사람을 구원하는 하나님의 능력입니다."(롬 1:16)라고 했습니다. 복음만으로도 충분합니다. 그럼에도 불구하고 복음이 부족해서 심리학을 동원하고 마케팅을 차용하고 엔터테인먼트로 교회를 장사의 소굴로 만들고 있는 것은 아닌지요?

"십자가의 도가 멸망하는 자들에게는 미련한 것이요, 구원을 얻는 우리에게는 하나님의 능력이라."(고전 1:18)고 바울은 목소리를 높였습니다. 복음만으로도 충분합니다.

오늘 한국 강단에서 퍼지는 메시지가 상당히 오식(誤植)되고 있다는 것은 많은 이들이 인식하고 있습니다. "예수 믿으면 복 받는다. 성공한다. 명문 가문이 된다. 건강도 주시고, 사고도 막아 주신다." 물론 다 틀린 말은 아닙니다. 그러나 이것이 복음의 진수는 아닙니다. 부분입니다. 예수 잘 믿어도 사고도 당하고 병들어 죽기도 하고 실패도 합니다. 많은 교회의 강단에서 복음은 보이는 복, 잘되는 복, 화가 없는 복, 사고 없는 복,

성공의 복, 장수의 복이 되어 싸구려로 팔리고 있습니다. 물론 수요가 많으니까 어쩔 수 없다고 변명할 수도 있겠지만, 제품을 제대로 관리해야 합니다. 상품을 가짜로 만들면 언젠가는 들통이 나기 마련입니다. 오늘 한국교회가 왜 위기라고 말합니까? 고(高)품질의 복음을 낮은 질로 만들어 왔기 때문에 고객들이 외면하고 있는지도 모릅니다. 그런 싸구려 복을 다 받은 이들은 교회를 떠나 골프장으로 스키장으로 산으로 바다로 가는 행렬들에 줄을 섭니다. 물론 예수님을 잘 믿어서 남보다 큰 복을 받은 이들이 없다는 말은 아닙니다. 그러나 그것은 특별한 것을 보편화하는 기만입니다. 초대교회 성도들에게는 예수님을 믿는 것이 곧 죽음을 앞당기는 모험이었습니다. 시련과 고난은 필수였고 가난과 죽음은 필연이었습니다. 초대교회 교인들이 예수를 잘못 믿어서 그런 시련과 핍박을 받아야만 했을까요? 그들은 이 땅에서의 성공이나 행복만을 위해 주님을 따랐던 것이 아니었습니다.

한 농부가 밭을 갈다가 밭에 숨은 진주를 발견하고 자신의 모든 재산을 다 팔아서 진주가 묻힌 밭을 샀다고 성경은 기록했습니다. 예수님의 복음은 싸구려가 아닙니다. 생명을 주고도 바꿀 만한 가치가 있는 이 복음을 너무 헐값으로 팔기에는 정말 아깝습니다. 그런 의미에서 이제 자랑스러운 우리 감리교회의 정체성을 회복해야 합니다. 가장 복음적인 교회, 웨슬리는 감리교회를 위해 선교를 한 것이 아니라 복음을 위해 선교를 한 사람입니다. 가장 감리교적인 것은 가장 복음적인 것을 말합니다. 웨슬리 목사님이 오늘 만일 한국 땅에 오신다면 감리교회를 보시고 뭐라고 말씀하실지 자못 궁금해집니다. 혹시 한국 감리교회를 '교회 흉내만 내는 교회'라 할까 걱정입니다.

현재 우리나라는 5대양 6대주 어디든 선교사들이 가지 않은 나라가 없을 만큼 복음 수출국이라는 영광을 누리고 있습니다. 그러나 만에 하나라도 우리가 전하는 복음이 변질된 것이라면 차라리 전하지 않는 것만도 못할지 모릅니다. 그러므로 선교도 중요하지만, 전해야 할 복음을 복음 되게 하는 것에 먼저 관심해야 할 것입니다. 복음을 사수하는 일이 선행되어야 합니다. 진리의 복음이 무너지면 선교도 의미가 없습니다.

"나는 복음의 단순한 설교 외에 사람들을 회심시키고 사람들의 들을 귀를 여는 다른 수단을 결코 생각지 않는다. 하나님의 교회가 강단을 경멸하는 순간, 하나님은 교회를 경멸하실 것이다."

(찰스 스펄전)

(2008년 6월)

교회를 지나치게 섬기기보다는

18세기 영국 산업혁명의 격동기를 살았던 윌리엄 윌버포스
(William Wilberforce, 1759~1833)의 일생을 그린 〈어메이징 그레
이스〉라는 영화가 지난봄에 상영되었습니다. 한 지인은 "내 평
생에 접한 영화 중 가장 감동적인 것이었다."고 그 감회를 말하
였습니다. 필자 역시 이 영화가 주는 강한 메시지에 매료되어
신선한 감동과 은혜(?)로 충만해지는 경험을 하였습니다. 윌버
포스가 필생을 통해 영국에서 노예무역제도를 폐지시킨 200주
년을 맞아, 지난 2007년 영국과 미국에서 이 영화가 동시에 개
봉되자 그 반응은 폭발적이었습니다. 필자는 오래 전 윌버포스

의 삶에 대한 기록을 간헐적으로 읽은 기억은 있지만, 최근에 다시 그에 대한 전기 형식으로 된 케빈 벨몬트(Kevin Belmonte)가 쓴 「세상을 바꾼 그리스도인」을 읽었습니다.

18세기 영국은 산업혁명을 거치면서 극심한 후유증이 사회 전반에 나타났습니다. 빈부 격차의 양극화 현상으로 사회적 혼란과 무질서가 판을 쳤습니다. 도덕적 해이는 극에 달하였고 성적 타락과 매춘, 도박과 알코올 중독 등이 만연하였습니다. 미혼여성의 4분의 1이 매춘과 관련을 맺었고, 런던에서 죽는 사망자의 8분의 1이 알코올 중독자였다고 합니다.

1562년 영국에서 시작된 노예무역은 산업혁명으로 노동력 수요에 따라 그 숫자가 급증하였습니다. 노예무역은 국가 재정 수입의 3분의 1을 충당할 정도로 확대되어, 국가적으로나 개인적으로나 이 유혹에서 벗어나는 것은 쉽지 않았습니다.

윌버포스는 케임브리지 대학 시절, 사회 참여를 고민하긴 하였으나 술과 방탕한 삶을 벗어나지 못하고 젊은 시절을 보냈습니다. 그러나 1780년, 22세의 나이로 후일 영국의 총리가 된 W. 피트와 대학 시절에 만나 그의 권유로 정치에 입문하였습니다.

월버포스는 빼어난 노래 실력과 당대에 타의 추종을 불허할 만한 명연설가로서 각광을 받았습니다. 그는 21세의 젊은 나이로 하원의원에 진출하였고, 4년 후에는 중요한 선거구인 요크셔 출신의 하원의원에 당선되었습니다.

그는 이렇게 사회적 신분은 보장받았지만, 전통적인 영국 국교도 가문에서 전수받아야 할 신앙유산을 향유하지 못하고 한동안 영적으로 방황하였습니다. 그러던 어느 날 사촌인 베시 스미스가 건네 준 필립 다드리지(1701~1751)의 「인간 영혼에서의 신앙의 발생과 발전」(The Rise and progress of Religion in the Soul)이라는 책을 읽고 그는 그리스도인으로 살기로 결심합니다. 후일 그는 영국 국교의 목사가 된 아들 로버트에게 보낸 편지에서 "내 인생의 아주 결정적인 시기에 하나님의 섭리로 다드리지의 「인간 영혼에서의 신앙의 발생과 발전」을 만났다. … 그 책은 나에게 유례없는 도움이 되었다."라고 기록하였습니다. "나는 내가 얼마나 위험한 상태에 있는지 깨달아야 했고, 하나님과 화평하기 전에는 절대 평안할 수 없었다."라고 고백하면서 성경 읽기와 기도하는 일을 일상에서 가장 중요하게 여기며 실천하는 생활을 하였습니다. "지난 삶에 대한 깊은 죄의식, 그리고 지난날 내가 얼마나 배은망덕하였던가 하는 암울한 생각이 무겁게 나를 짓눌렀고, 소중한 시간과 기회와 재능을 헛되이 낭비한 것에 대하여 나는 스스로 부끄러움을 느끼고 있었다."고 고백하였습니다. 독실한 기독교인으로 거듭나게 된 그는, 노예 상인으로 있다가 회심한 〈어메이징 그레이스〉의 장본인인 존 뉴턴과 교분을 통해 신앙적인 도움을 받았습니다. 그리고 자신의 삶을 완전히 바꾸는 동시에 반인륜적인 사회적 악법을 철폐하였습니다. 그는 만인이 하나님의 백성으로 삶을 누릴 수 있는 권리를 갖고 태어났다는 신념으로 복음의 사회화를 위한 노력을 경주하였습니다.

영국 의회에 진출한 윌버포스는 천부인권이라는 관점에서 노예문제에 접근하였습니다. 그리고 필생의 소명으로 여기며 노예무역제도 폐지를 위해 진력을 다하였습니다. 그러나 선한 일을 하고자 하는 자들에게 필연적으로 찾아오는 도전은 광풍처럼 그를 괴롭혔습니다.

1787년 그는 친구이자 총리인 피트의 강력한 후원을 받아 노예무역 폐지 법안을 의회에 제출하였습니다. 그러나 영국의 식민지로 노예를 수출하던 노예상들은 국가 재정과 농장주들과도 연관되어 있었기에, 이들을 대변하는 의회의 반발은 이만저만이 아니었습니다. 이러한 역풍으로 윌버포스는 자신의 뜻을 관철하지 못하고 번번이 실패를 거듭하는 아픔을 겪어야만 하였습니다. 그럼에도 불구하고 윌버포스는 포기하지 않고 끈질기게 노력하여 1807년 마침내 노예무역 폐지 법안을 통과시켰습니다. 20여 년 동안 투쟁한 결과였습니다. 그 뒤 노예의 완전해방을 규정한 노예제도 폐지 법안이 상원을 통과한 것은 1833년 7월이었습니다. 그 소식을 들은 지 사흘 뒤에 그는 세상을 떠났고 웨스트민스터 사원에 안치되었습니다.

오늘 우리가 새삼 그를 주목하는 것은, 미국 독립전쟁과 프랑스혁명이 있던 격동의 시대에 50년 이상의 투쟁을 통해 혁명 이상의 효과를 거둔 개혁적 역량 때문만이 아닙니다. 그는 선대로부터 많은 유산을 물려받았지만, 대부분의 재산을 사회에 헌납하며 살았던 노블레스 오블리주(noblesse oblige)에 대해 확실한 인식을 가진 사람이었습니다. 어느 해에는 100억 원에 가까운 재산을 헌납하고도 자신의 이름을 드러내지 않으려고 하였습니다.

윌버포스는 일생을 통해 자신이 가진 기독교 신앙을 기반으로 노예제도와 싸웠고, 영국인들의 도덕 수준을 한 차원 높여 놓았던 사람입니다. 비판적이 되거나 경건의 모양만을 흉내 내지 않고, 인간에 대한 진정한 애정과 언제나 자신을 돌아보는 겸손한 태도로 위대한 섬김을 실천하였습니다. 이렇게 그는 그리스도의 제자도를 지켰던 믿음의 영웅이었습니다.

"윌리엄 윌버포스가 자신에게 주어진 삶에만 만족하며 그냥 살았더라면 그는 어렵지 않게 대영제국의 수상이 되었을 것이고 당대에 가장 유력한 정치 지도자로 일생을 살았을 것이다. … 풍성한 상상력을 지녔던 윌리엄 윌버포스는, 타락한 세상에서 그리스도인다운 섬김의 삶을 산다는 것이 어떤 것인지 비교할 수 없는 본을 보여 주었다."(찰스 콜슨, 미 교도소 선교회장)

오늘 우리는 우리 사회에 만연하고 있는 반사회적인 일련의 사건들과 특히 인권의 사각지대에서 헐벗고 굶주리며 생존을 위해 노예처럼 살아가는 북한의 우리 동포들을 생각하면, 윌버포스를 생각하지 않을 수 없습니다. 현실 타협의 유혹과 각종 예속에서 자유로워지려는 이들이라면, 인간에 대한 애정과 지칠 줄 모르는 인내심을 보여 준 윌버포스의 삶은 오늘을 살아가는 우리 모든 그리스도인에게 귀감이 되기에 충분합니다.

1833년 7월 말, 윌버포스가 세상을 떠났다는 소식은 영국인들뿐 아니라 미국인들에게도 엄청난 충격을 주었습니다. '미국 전역의 유색인'들은 30일 동안 상장(喪章)을 달고 그의 죽음을 애도하였습니다. 당시 미국의 유색인을 대표하였던 벤자민 휴즈는 "윌리엄 윌버포스 찬가"를 발표하여 윌버포스와 나폴레옹을 비교했습니다.

"나폴레옹, 그리고 야심으로 인한 무지막지한 싸움에서는 오히려 나폴레옹을 능가하는 그의 군대는 호흡을 멈추었다. … 그 코르시카 사람은 이제 세상에 없다. 제국에 맞선 피비린내 나는 투쟁으로 세상을 진동시켰던 그의 그 광대한 비전도 그와 함께 잠들었다."

이 말을 한 휴즈는 다음과 같이 일갈하고 있습니다.

"자신을 파괴한 자들에게 매력을 느끼고 인류에게 불행을 안기는 그 행위에는 박수갈채를 보내면서, 인류에게 진정한 유익을 끼친 사람이 걸어간 지난(持難)하기만 하였던 자기포기의 삶을 그냥 무시하고 지나쳐버리는 게 가당키나 한 일인가?"

그러면서 휴즈는 다음과 같은 선언문을 남겼습니다.

"일순간에 사라지는 유성의 섬광보다, 정복자의 개선 행진보다 더 찬란하고 숭엄한 광경이 있다. 그것은 억압받는 사람들 편에서 우리 본성의 고귀한 감정이 온화하게 표출되는 광경이다. 인간을 향한 바로 그런 종류의 사랑을 일컬어 박애주의라고 한다. 이 사랑은 좁은 나라 안으로만 한계가 정해지지도 않고 종교나 정당의 제한을 받지도 않는다. 세상이 존재하는 한 이 사랑도 같이 존재한다. 그러므로 우리는 다른 누구보다도 주로 박애주의자에게 큰 빚을 지고 있다. 우리기 응시해야 할 것은 자기 유익을 구하지 않는 그의 행동이다. 우리는 그러한 기억을 가장 다정한 유산으로 소중히 간직해야 한다."

윌버포스는 살아 있는 동안 약 70가지의 박애주의, 곧 이웃 사랑을 위한 활동에 종사하였습니다. 미성년자 보호법, 시각 · 청각 · 언어장애인 교육, 사재를 털어 병원과 학교와 교회를 세우는 일, 동물 학대 금지법, 예술 진흥법 등 그가 머무는 곳에는 사람들이 행복하게 살 수 있는 일들이 벌어졌습니다. 그는 그런 일을 위해서는 한 순간도 자신을 놀리는 일이 없었습니다.

1833년 7월 29일 그의 사망을 애도하는 인파는 끝없이 모여왔고, 수많은 조객들은 하나같이 그의 죽음을 세상에서 가장 소중하였던 사람을 잃은 것처럼 슬퍼하였습니다. 한 익명의 조객은 "그렇게 많은 영역에서 세상을 감동시킨 사람을 일찍이 본 일이 없다. 그가 끼친 유익으로 인해 어느 한 나라가 아닌 온 인류가 혜택을 누렸다."고 애도하였습니다. 그리고 당대에 공인으로 존경받던 밴 존슨은 윌버포스의 죽음 앞에서 이렇게 조사를 남겼습니다.

"어느 때, 어느 장소, 어떤 판단에서든 더러운 이익을 탐하는 마음이나 위험에 대한 냉담한 두려움 같은 것이 기생(寄生)할 수 없었던 이 사람이 여기 잠들었습니다."

오늘 우리 한국교회가 가야 할 길은 어디일까요? 더 이상 교회를 지나치게 섬기기보다는, 이웃을 돌보는 일에 더 많은 관심을 가져야 할 것 같습니다. 교회를 지나치게 사랑하는 것도 우상이 될 수 있기 때문입니다.

"세상과 교회의 형편을 보면 개탄스러운 것이 많지만, 그래도 나는 비관론자는 아닙니다. 나는 참 신앙이 확산되어 나가고 있다고 생각하며, 물이 바다를 덮듯 온 세상이 주님을 아는 지식으로

충만할 때까지 계속 확산되어갈 것으로 확신합니다."(윌리엄 윌버포스)

(2008년 9월)

메시아가 있는 교회

이런 이야기가 전해져 오고 있습니다. 그 출처는 분명하지 않지만, 하나의 신화처럼 여러 가지로 각색되어 전해져 오는 이야기입니다.

한때 큰 규모와 역사를 자랑하던 종교단체가 있었습니다. 그 교단은 17세기와 18세기를 거치면서 많은 발전을 거듭해 오다가 수도원이 뜻하지 않은 박해를 당하고, 19세기에 들어서면서 거센 세속주의 물결에 영향을 받아 점점 그 교세가 위축되면서 문을 닫을 정도로 약해졌습니다. 도처에 흩어져 있던 지부들 역시 거의 다 문을 닫았고, 중앙 교단의 수도원에만 다섯 명의 수도사들이 남게 되는 초라한 지경에 이르렀습니다. 게다가 이 중앙 수도원에 남은 수도원장과 나머지 네 사람 모두 70세가 넘은 고령자들이었습니다. 이 교단은 누가 봐도 희망이 보이지 않는 교단이 되었습니다.

이 중앙 수도원이 위치하고 있는 가까운 도시 회당(시나고그)에서 사역을 하던 유대교 랍비 한 사람이 이따금 수도원이 있는 산중에 마련된 오두막집으로 기도를 하기 위해 오곤 하였습니다. 유대교 랍비가 오두막집에 머물고 있다는 소식을 들은 수도사들은, 혹시 랍비에게 무너져 가는 수도원을 다시 재건할 수 있는 지혜를 얻을 수 있을까 하여 수도원장을 대표로 보내었습니다. 수도원장이 랍비가 머물고 있는 오두막집을 찾아가자 랍비는 기꺼이 그를 맞아 주었습니다. 수도원장이 방문한 목적을 설명하자 랍비는 동정어린 눈으로 그를 바라볼 뿐 특별한 대안을 마련해 주지 못하였습니다.

수도원장의 고충을 들은 랍비는 도움을 구하는 그에게 "저도 이해합니다. 사람들은 이제 영적인 문제에서 점점 멀어져 가고 있습니다. 제가 사역하는 회당도 마찬가지입니다. 회당을 찾는 사람들이 점점 줄어들고 있습니다." 이 말을 들은 수도원장은 낙심하여 한참 동안 서로 연민 어린 대화만 나누다가 오두막을 떠나려는데 랍비가 문밖을 나서는 그에게 이렇게 말을 하였습니다.

"원장님, 아무런 조언을 드리지 못하여 죄송합니다. 그러나 제가 단 한 가지를 말씀드릴 수 있다면 분명히 당신들 가운데 한 사람이 메시아라는 사실입니다." 이 말을 듣고 오두막을 나온 수도원장은 랍비의 그 마지막 말이 귓전에 맴돌았습니다.

"우리 중에 누가 메시아란 말인가?"

수도원으로 돌아온 원장은 나머지 수도사들을 모아 놓고 랍비가 마지막 한 말을 알려주었습니다. "무슨 뜻인지 잘 모르지만, 랍비가 우리 중에 누군가 한 사람이 메시아라고 하였습니다." 이 말을 들은 수도사들은 제각기 이 수도사, 저 수도사를 떠올리며 누가 메시아일지 점치기 시작하였습니다. 늙은 수도사들은 누가 메시아인 줄 모르기 때문에 상대방을 메시아처럼 대하며 깊은 존경심을 보내기 시작하였습니다.

수도원이 자리 잡은 이 산속은 주변 경관이 아름다워 사람들이 자주 소풍을 즐기기도 하고 산책을 하기도 했습니다. 아이들이 수도원 잔디밭에 와서 공놀이도 하고 가족끼리 도시락을 먹으며 지내는 일이 많았습니다. 그런데 사람들이 수도원에 와서 쉬는 동안에 이전과 다른 분위기를 느끼기 시작했습니다. 수도원에서 보이지 않는 경건함과 존경심과 사랑을 느끼게 된 것입니다. 이런 분위기가 후광처럼 수도원을 지배하는 것 같았습니다. 사람들은 이상한 매력을 느끼면서 자신들도 모르게 자꾸만 이 수도원을 찾고 싶은 마음이 생겼습니다. 이러한 소문은 꼬리를 물고 온 도시에 퍼져 나갔고 점점 많은 사람들이 이 수도원을 찾게 되었습니다. 사람들은 수도원에서 늙은 수도사들을 만나 대화하는 동안 감동을 받았습니다. 그러다 보니 감동을 받은 젊은이들 중에서 스스로 수도사가 되겠다고 입문하는 일이 생기기 시작하였습니다. 이러한 일들이 일어나면서 수도원은 차츰 이전의 번창하던 모습을 되찾기 시작하였습니다. 문을 닫을 만큼 어려웠던 수도원은 마침내 사랑과 존경과 평화가 넘치는 영성의 진원지가 되어 다시 수도원의 본래적인 모습을 회복하였습니다.

오늘 우리가 살고 있는 이 세상은 세속주의 파고가 높아져 가면서 교회에 대한 도전 세력들이 점점 기승을 부리며 할 수만 있으면 우리 교회를 무너뜨리기 위해 혈안이 되어 있습니다. 만일 이때에 교회가 보여 주어야 할 그리스도(메시아) 예수를 보여 주지 못한다면 앞서 말한 수도원처럼 교회를 떠나는 사람들이 점점 늘어날 것은 자명합니다.

정진홍 교수(이화여대 석좌 교수)는 〈기독교사상〉 10월호 "나의 인생과 기독교"라는 제하의 글에서 "종교도 흥망성쇠의 역사를 가지고 있다."고 했습니다. 한때는 흥왕하던 것이 어느 시점에서는 역사의 뒤안길로 사라져 버리는 경우가 많다고 하면서, 고대 이집트에는 3,000년 동안 라(뢰)라는 태양신을 섬기던 종교가 있었다고 예를 듭니다. 장구한 역사를 이어 오면서 사람들의 삶과 문화에 영향을 끼쳤던 이 종교가 결국 흔적도 없이 사라져 버리고 지금은 폐허가 된 신전만 남았다고 합니다. 신도가 없어지면 결국 그들이 믿었던 신(神)도 사라진다는 것입니다. 그러므로 만일 오늘 우리 기독교가 진정한 교회의 모습을 보여 주지 못하고 교회의 본래적인 기능을 다하지 못한다면 신도의 수가 감소하게 될 것이고, 결국 신도가 없어지면 하나님도 떠나 버릴지 모른다는 경고입니다. 정 교수는 우리 기독교에 대한 애정을 가진 분으로 다음과 같은 연민 어린 충고를 잊지 않았습니다. "예수 잘 믿어야 기독교가 살 수 있습니다. 함부로 믿으시면 안 됩니다. 기독교가 없어져 버릴지도 모릅니다. … 하나님을 잘 모시고 하나님이 떠나시지 않도록 해야 합니다. 그 책임은 우리 믿는 자들에게 있습니다."

주님이 이 땅에 교회를 세우신 목적은 당신께서 행하셨던 사역을 계승하도록 하기 위한 것입니다. 교회는 그리스도의 몸으로 계시된 하나님의 모습을 구현하는 현장이기도 합니다. 교회가 그리스도의 모습을 보여 주지 못한다면 세상에서 외면당할 수밖에 없습니다. 교회는 예수 그리스도의 삶을 보여 주어야 하는 공동체입니다. 예수님을 닮으려는 사람들이 모인 공동체가 교회입니다. 만일 우리 교회가 모든 사람을 메시아처럼 여기고 서로 존경하고 사랑하며 신뢰하는 교회 공동체를 이루어 간다면 교회의 위상은 달라질 것입니다. 오늘 이 땅의 많은 교회들이 메시아, 곧 그리스도 예수님을 보여 주지 못하기 때문에 신뢰를 잃어갑니다. 그러니 교회가 예수님의 삶을 재현하여 메시아를 보여 주어야 합니다. 그것은 우리의 삶을 통해서만 가능합니다.

한때는 세상이 교회를 주목하며 배우려는 자세를 갖고 있었습니다. 하지만 지금은 교회가 세상을 닮아가고 있습니다. 한

때는 교회가 세상을 향하여 "은과 금은 내게 없거니와 내게 있는 것으로 네게 주노니 곧 나사렛 예수 그리스도의 이름으로 걸으라."(행 3:6)고 말하였습니다. 그러나 오늘의 교회는 "제발, 우리를 이상한 사람들로 보지 마십시오. 우리는 예수님을 믿는다는 것을 제외하고는 다른 모든 면에서 당신들과 똑같습니다."라고 말합니다.

그리스도인 역시 세속인들의 가치관과 큰 차이가 없어 보입니다. 그리스도인들의 정체성이 흔들리고 있습니다. 그러나 십자가의 복음은 세상의 비위를 맞추려고 하지 않습니다. 과거의 교회는 세상의 비위를 맞추려 애쓰지 않고 오히려 십자가를 지고 예수님의 모습을 보여 주는 일에 최선을 다했습니다.

사도 바울은 자기가 날마다 죽는다고 고백했습니다. 기독교는 우리가 날마다 죽어야 하는 종교입니다. 그러므로 신앙생활을 한다는 것은 십자가를 지고 가는 삶입니다. 그렇다고 해서 불행과 슬픔을 독점하라는 것은 아닙니다. 육신적으로는 원치 않는 고난이 따를지라도 영적으로는 기쁨이 충만한 것이 그리스도인의 삶입니다. "말할 수 없는 영광스러운 즐거움으로 기뻐하니"(벧전 1:8)라고 베드로 사도는 말합니다. 손해를 보고 양보하며 내어줄지라도 전혀 가난하다는 마음이 생기지 않습니다. 주고도 받는 기쁨 이상으로 행복해하는 역설적인 삶을 사는 것이 그리스도인의 삶의 방식입니다.

그러나 안타깝게도 오늘날 많은 교회들이 이런 영적인 즐거움을 모르기 때문에 세상의 싸구려 즐거움을 즐겨 하고 있습니다. 더 높아지고, 더 많이 소유함으로 육체의 욕망을 채우는 것이 즐거움이라고 착각하고 있습니다. 복음이 점점 엔터테인먼트에 잠식되어 가고 있습니다. 히브리서 기자는 "저는 그 앞에 있는 즐거움을 위하여 십자가를 참으사 부끄러움을 개의치 아니하시더니"(히 12:2)라고 말합니다. 우리가 믿는 그리스도는 오늘의 즐거움을 위해 살지 않으시고 그 앞에 있는 즐거움을 위하여 십자가를 참으셨다고 말합니다. 내일의 즐거움을 위해 오늘의 가난도 부끄러움도 참으시고 더 좋은 즐거움을 기대하며 사셨던 것입니다.

이제 우리 모두 지금까지 신앙의 이름으로 추구해 왔던 세속적 야망을 버리고 "누구든지 자기를 부인하고 지기 십자가를 지고 나를 따를 것이니라."(마 16:24) 하시는 우리 주님의 음성을 들을 수 있어야 합니다. 작은 고난이든 큰 고난이든 주님이 원하시는 일을 위해 우리는 손해도 보고 낮아지기도 하며, 때로는 모욕당하셨던 예수님처럼 거룩한 왕따가 되기를 자청하여야 합니다. 우리가 메시아가 되어야 한다는 주님의 명령에 귀 기울이며 정녕 메시아처럼 살고 모든 사람을 메시아로 대접하며, 존경하고, 사랑하며, 신뢰할 때, 실추된 우리 감리교회의 위상을 회복하게 될 것이며 세상 사람들에게 사랑받는 교회가 될 것입니다.

"모든 사람들은 인간이 변화되어야 한다는 것을 생각하고 있으나 자기 자신이 변화되어야 한다는 것은 생각하지 않는다."(프랭크 미드)

(2008년 12월)

잃은 것을 찾아야 할 기독교

한국 기독교는 지난 125년 동안 많은 것을 얻기도 하였지만, 소중한 것을 잃어버리기도 하였습니다. 5만에 가까운 교회와 1,000여만 명의 교인들을 얻었으며, 엄청난 부동산과 자산(資産)을 소유하게 되었습니다. 한국 사회에서 기독교의 힘은 누구도 무시할 수 없을 만큼 신장되었습니다. 기독교를 무시하면 정치인들이 그 뜻을 이룰 수 없게 되었습니다. 선거철 때마다 후보들은 그리스도인들이 아니면서도 교인의 표심을 잡기 위해 위장 신자가 되어 예배당을 기웃거리는 풍토는 그 사실을 단적으로 말해 줍니다. 기독교인 중에는 돈 많은 기업인도 많아졌습니다. 대통령으로부터 시작하여 정부 요직은 물론 사법부 입법부 행정부 군(軍)에 이르기까지 막강한 힘을 가진 기독교 신자들로 넘쳐나고 있습니다.

교세(敎勢)란 교회의 힘 또는 교파의 힘을 말합니다. 지금도 여전히 교파마다 자파의 세력을 확장하기 위해 혈안이 되어 있습니다. 그런데 문제는 교회의 힘과 교파의 힘이란 예외 없이 양적인 확장으로 계수합니다. 교회 숫자가 늘고 신도 수가 늘면 교세가 자동적으로 강해진다고 생각합니다.

기독교가 소유나 외적인 힘의 유무로 평가받는 것은 예수님이 원하시는 것이 아닙니다. 그럼에도 불구하고 오늘 우리 한국 기독교는 정치적 제국주의가 그렇듯이 물량으로 힘을 과시하고 있습니다. 그것은 기독교왕국(Christendom)이 노렸던 교회 확장 선교의 잘못을 그대로 이어 받은 것입니다.

차제에 우리 한국 기독교가 얻은 것이 많지만, 정작 잃지 말아야 할 것을 잃고 있는 것은 아닌지 자기 성찰을 할 때가 되었습니다. 양(量)의 성장을 힘의 신장으로 보는 것은 자본주의적 이해입니다. 보이는 외적인 성장을 발전으로 보는 것은 착각일 수 있습니다. 보이는 외식(外飾)을 내실의 자동적 반영으로 보는 것은 오해일 수 있습니다.

한국 기독교에는 어느새 잘못된 자본주의적 사고가 자리하면서 양과 수가 진리처럼 중시되었습니다. 교인의 수와 교회 재정의 양(量)으로 목회자의 유능과 무능을 평가하는 시장 경제 원리가 판을 치게 되었습니다. 목회 현장에서 뒤쳐지기 싫었던 목회자들은 이 치열한 경쟁에서 살아남기 위해 수단과 방법을 가리지 않고 사람들을 끌어 모으는 일과 교회 재정 증식을 위해 기상천외의 묘안을 착안해 내기도 하였습니다. 물론 이유는 선교의 확장이라는 미명으로, 또는 주님을 위한 헌신이라면서 말입니다.

이런 성장주의가 오늘 우리 한국 기독교를 힘 있게 한 것이 아니라 결국은 무능하게 하는 요인이 되고 말았습니다. 예수의 본래적 복음은 외면되고 보이는 교회만 화려해지면서, 기독교는 그 위(位)를 잃어버리고 말았습니다.

2008년 10월, 기독교 윤리실천운동본부에서 전국 성인 남녀 1,000명을 대상으로 한 '2008년 한국교회 사회적 신뢰도 조사'에 의하면 개신교를 신뢰한다는 사람이 18.4%에 불과했습니다. 종교 호감도에서도 불교가 31.5%, 가톨릭이 29.8%, 이어 개신교는 20.6%로 가장 낮았습니다.

우리 한국 기독교가 1세기를 지나면서 가시적(可視的)인 것은 많이 얻었지만, 정작 놓치지 말아야 할, 보이지 않는 것을 잃고 있는 것은 안타까운 일이 아닐 수 없습니다.

그동안 사람 수를 늘리기 위해 지나친 편법을 남용한 것이 부메랑이 되고 있습니다. 종교에서 무속적 경향을 배제하기가 쉽지는 않지만, 복음을 지나치게 개인적인 기복으로 축소하여 현실적 실리를 얻기 위해 무속적인 방법으로 사람들을 붙잡으려고 했던 것은 큰 실책이었습니다. 무속의 원리는 인간의 이기적 욕구를 채우는 도구로 사용되었습니다. 오늘 한국 기독교가 외면당하는 가장 큰 이유는 이기적이라는 데 있습니다. 나만 잘 먹고 잘 살면 된다는 이기심을 극대화하고, 사회적 책임을 다하는 일에는 소홀하였습니다. 진리에 기갈을 느끼기보다는 축복에 기갈하는 대중을 양산하는 우를 범하여 예수님의 본래적 복음을 변질시키고 말았습니다. 기독교 복음은 이기적인 것과 육적인 복을 거부하면서, 손해를 보더라도 다른 사람들과 이웃을 위해 자신을 내어줄 줄 아는 타자 본위의 삶을 사셨던 예수님의 삶을 살도록 강조해야 함에도 불구하고 교회가 이 사실에 소홀하였습니다. 이 같은 종교적 이기주의는 복음을 무속

화(巫俗化)하여 개인 구원만을 강조했던 다수의 교회에 그 책임
이 있다 할 수 있습니다.

또 교회가 잃은 것 중 하나는 신앙과 윤리의 조화입니다. 신
앙과 윤리는 반드시 조화를 이루어야 함에도 불구하고 오늘 우
리 한국 기독교는 신앙과 윤리의 간극이 너무 멀어져 버렸습니
다. 신앙과 윤리 간의 긴장과 갈등은 믿음과 행위 간의 갈등으
로 나타나고, 복음과 율법 간의 긴장으로도 나타나며, 사랑과
정의 간의 마찰로도 나타납니다. 이렇게 볼 때 기독교인의 신
앙생활과 윤리생활은 처음부터 긴장관계를 맺고 있는지도 모
릅니다. 믿기만 하면 의롭다 함을 받을 수 있고, 믿기만 하면 어
떤 문제라도 해결될 수 있다는 순진한 낙관론을 강조하여 신앙
만을 중요시 하였습니다. 그래서 인간이 지켜야 할 윤리가 외
면당하는 것은 안타까운 일입니다. 성경이 강조하는 것은 하나
님도 사랑하고 이웃도 사랑하라는 사랑의 이중 계명이며, 이
큰 두 계명 중에 어느 것 하나라도 소홀히 해서는 안 될 것입니
다. 그럼에도 불구하고 그동안 우리 한국 기독교는 하나님을
사랑하라는 신앙생활만 강조하면서 이웃을 사랑하라는 윤리생
활을 강조하지 않은 것은 직무유기입니다. 우리가 가슴 아프게

들어야 하는 핀잔은 "예수 믿어도 생활이 달라진 것이 없다."는 말입니다.

우리 기독교가 놓친 것 중 또 하나는, 보수적인 교회가 되어야 한다는 것 때문에 지나친 근본주의 신학에 사로잡혀 옆을 보지 못한 것입니다. 물론 보수신앙의 요체는 한마디로 이신득의(以信得義)와 성서 권위를 중시하는 것을 의미했습니다. 그것이 잘못된 것은 아니라도 지나치게 성서를 문자적으로 해석하면서 편협한 이해로 성(聖)과 속(俗)을 구분하는 이원론적인 사고의 틀을 벗어나지 못한 채, 세속을 기피해야 한다는 의식을 심어 주었습니다. 물론 소수의 진보적인 교회들이 열린 자세로 성과 속을 아우르는 신학을 강조하지 않은 것은 아니지만, 대체로 한국교회의 흐름은 보수적인 방향이 주류를 이루었습니다. 극단적으로 경직된 보수주의 신학이 한국교회를 주도하면서 복음과 신앙이 인간의 총체적인 삶을 지배하지 못하고, 사람들을 교회 안에 가두어 두는 데 성공하였습니다. 하지만 사회변혁을 위한 동력이 되게 하는 데는 미흡했습니다. 복음은 전인적 삶을 통하여 하나님 앞에서 새로운 존재가 되게 하는 것이라 할 수 있는데, 세상을 향해 눈을 감게 한 것은 실수입니다.

한국 기독교가 놓친 것 중에 하나는, 흩어지는 교회의 기능입니다. 교회의 사명에는 모이는 교회와 흩어지는 교회의 기능이 있는데(헨리 크레마), 모이는 기능에는 성공하였지만 흩어지는 기능에는 역시 미흡했습니다. 새벽기도회와 수요예배, 금요철야기도회, 주일 오전, 그리고 오후나 밤 예배에 모이는 일은 지금도 한국교회의 자랑이 아닐 수 없습니다. 모여서 예배를 드리고 교육을 하는 일과 교제하는 일은 잘하지만, 흩어지는 교회로서의 선교와 봉사의 기능인 디아코니아의 소임을 다하지 못한 것은 아쉬운 일입니다. 예수님은 믿는 자들이 세상의 소금과 빛이 되는 일이 핵심이라고 말씀하셨습니다. 그런데 지금까지 기독교는 세상을 섬기고, 가난한 자들의 이웃이 되며, 삶을 통해 그리스도의 제자 된 모습을 보여 주어 세상을 감동시키고, 복음의 사회화를 위한 노력에는 미흡했던 것이 사실입니다. 기독교 복음의 다이내믹은 변화의 인자(因子)가 되어 세상에서 하나님의 나라를 확장해 가는 일이라면, 한국 기독교가 모이는 교회의 기능만을 강조한 것은 아쉬운 일이 아닐 수 없습니다.

그리고 기독교가 그동안 간과해 왔던 것, 고난이 가장 영광스런 축복임을 가르치기보다는 기피하려고만 했던 것이 큰 실수였습니다. 신앙을 통해 안일과 평안만을 구하고 십자가를 지고 나를 따르라는 주님의 명령에 귀를 기울이지 않았던 것은, 오늘 한국 기독교 내성(耐性)을 약화시킨 원인입니다. 물론 종교를 믿겠다고 나서는 사람들의 심리적 저변에 안일과 평안을 추구하는 것이 있는 것은 당연한 것입니다. 그런데 기독교가 일반 종교보다 우월하다는 것은 고난의 짐을 지면서까지 하나님 나라를 세우기 위해 자기를 내어 주는 십자가 희생으로 이루어지는 복음의 역설적인 진리인데, 이를 외면한 것은 큰 과오였습니다. 여전히 예수 잘 믿으면 복 받고 잘산다는 값싼 은혜를 상품화하여 사람들을 고난의 무풍지대로 인도하고 있습니다. 이러한 값싼 은혜에 도취된 자들은 이 땅에서 성공만이 축복이라는 잘못된 이해로 인해 실패를 저주로 여기고 좌절하곤 합니다.

결국 세속적인 가치 기준의 범주를 넘지 못하고 오직 성공과 출세를 위해 신앙생활이 이용당하는 반복음적인 행태가 만연합니다. 교회의 지도자들까지도 출세와 성공을 위해서는 탈법도 마다하지 않고 양심과 질서를 외면하기까지 하면서 세상에서의 성공을 위한 전투적인 노력을 일삼아 왔습니다. 게다가 세상에서 성공과 실패를 신앙의 유무의 결과로 보는 해괴한 논리를 만들어 내기도 했습니다.

　크리스천은 예수님이 가신 길을 걸어가는 사람들입니다. 그러기에 예수님이 당하신 수모와 고난과 핍박과 죽음까지도 감수할 준비가 되어 있어야 합니다. 예수님이 당하신 그 아픔에 동참하고 예수님과 같이 현실의 고난을 짊어지는 자로서 죽음도 불사하겠다는 의지의 사람이어야 합니다.

　그리스도의 사람들은 이 땅에서 안전이나 평안만을 구하기보다는 먼저 그 나라와 의를 구하는 일을 위해 부름받았습니다. 오늘 우리 한국 기독교가 간과하지 말아야 할 가장 중요한 것은, 십자가를 통해서만 이루어질 수 있는 부활의 희망을 외면하지 않는 것입니다. "내가 진실로 진실로 너희에게 이르노니 한 알의 밀이 땅에 떨어져 죽지 아니하면 한 알 그대로 있고, 죽으면 많은 열매를 맺느니라. 자기의 생명을 사랑하는 자는 잃을 것이요, 이 세상에서 자기의 생명을 미워하는 자는 영생하도록 보전하리라."(요 12:24~25)는 주님의 말씀이 오늘 이 땅의 기독교의 주요한 메뉴로 전해질 때, 기독교는 잃어버렸던 그 위상을 회복할 수 있습니다. 밀알이 되어 자기희생을 통하지 않고서는 결코 오늘의 한국 기독교는 세상에서 신뢰받기 어려울 것입니다. 고난을 통한 십자가만이 기독교의 힘이요 자랑스러운 전통이기 때문입니다.

(2009년 1월)

예수와 그리스도

    수년 전부터 모 재벌 기업체가 골프장과 스키장 시설을 갖춘 리조트(resort)에 조그만 예배당을 세워 고객들을 위한 주말 예배를 드리고 있습니다. 그동안 주말마다 유명 목회자들을 모셔서 예배를 드리다가 2년 전에는 미국에서 은퇴하신 목사님 한 분을 모셔서 설교를 전담하게 했습니다. 그러다가 지난 정초에 그 은퇴 목사님은 다시 미국으로 가셨습니다. 이 목사님은 제가 미국에서 한인 교회를 섬길 때 같은 지역에서 함께 목회를 하면서 교제를 나누었던 분입니다. 이 분과의 교제는 제겐 특별한 경험이며 기쁨이었습니다. 그분은 가난했던 목회자의 아들로 자라면서 신학대학을 다녔지만, 목회를 미루다가 뒤늦게 미국에서 목사 안수를 받고 이민자를 위한 목회만 하셨던 분입니다. 지난 2년 동안 한국에서 같이 지내면서 자주 만나고 여행도 할 수 있는 기회도 많아 우정을 더 깊이 나눌 수 있어 행복했습니다. 저와는 동년배이지만, 목회자로서 보기 드물 만큼 매사에 반듯한 분으로 성도에게 존경을 받으셨던 분입니다. 옷 두 벌 이상 갖고 있는 것을 늘 부담으로 느끼는 분입니다. 끼니마다 반찬 세 가지 이상은 차리지 말라는 것이 그의 소신입니다.

미국에서 사역을 할 때였습니다. 한인 교회로서는 꽤 큰 교회에서 목회하시던 그는, 20년도 넘은 폭스바겐 낡은 소형차를 타고 다녔습니다. 사람들이 위험하지 않느냐고 말해도 아직도 차가 굴러 가니 괜찮다면서 새 차를 사 드리겠다는 교회의 호의를 뿌리치고 늘 낡은 차를 타고 다녔습니다. 미주지역에서 가장 역사가 깊은 한인 교회에서 마지막 사역을 하시다가 은퇴를 할 때, 교회에서 은퇴 적립금 외에 상당한 액수의 위로금을 지급해 주자 전액을 교회에 헌금하셨던 분입니다. 그가 한국을 떠나기 전, "한국 생활하면서 불편했던 일이 있었다면 무엇이 었느냐?"고 물었더니, 그는 "분에 넘치는 대접을 받는 일이었다.”고 했습니다. 한 끼에 5천 원 정도면 먹을 수 있는 식사를 수만 원씩 주는 대접을 받을 때가 불편했답니다. 얼마 전 그가 서울의 모 교회에 부흥회 강사로 갔다가 국수를 좋아한다면서 국수만을 먹기를 고집하여 집회기간 3일 저녁 내내 국수만 대접하였다는 얘기를 그 교회 담임목사님을 통해 들은 일도 있습니다.

자신을 위한 최소한의 생활비 외에는 어려운 이들을 돕는 일을 일상으로 여기며 사는 그가 미국으로 떠나는 날, 우리 내외가 공항까지 배웅을 갔습니다. 그동안 비축한 것인데 필요한 이들에게 전해 주라면서 큰돈을 맡겼습니다. 그가 다시 미국으로 가게 된 이유는 담임자를 모실 수 없는 미자립 이민 교회를 무보수로 섬기기 위함입니다. 그는 늘 예수님이 사셨던 것에 비하면 오늘 우리가 너무 편하게 잘 먹고 잘 사는 것은 부담이라고 생각했습니다. 그래서 그의 기도는 늘 감사요, 감격의 눈물이 배어 있습니다. 다른 사람에게 작은 피해라도 끼칠까 봐 언제나 조신하게 행동하시는 분입니다.

그가 인도하는 집회에 참여한 일이 있었습니다. 그의 설교는 성경의 본문을 벗어나지 않는 순전한 말씀이었습니다. 그동안 우리 연수원에서 하고 있는 “엠마오 가는 길” 영성 훈련에도 봉사자로 자주 참여하여 많은 도움을 주시기도 하고, 지방에 있다가 서울에 오면 저희 집에서 주로 함께 지내곤 했습니다. 그를 떠나보낸 후 한동안 힘들 정도로 허전하기도 하고 서운한 마음을 가누기가 어려웠습니다.

오늘 우리 한국교회를 바라보면서 염려하고 걱정하는 이들이 점점 많아지고 있습니다. 한완상 박사는 「예수 없는 예수교회」라는 책에서 한국교회가 회복해야 할 급선무는 주님의 몸인 교회에서 잃어버린 역사의 예수를 찾는 일이라고 말합니다.

그리스도는 강조하면서 역사의 현장에서 사셨던 갈릴리의 예수, 나사렛의 예수의 삶에 대해서는 교회가 큰 관심을 보이지 않고 있다면서 한국교회를 "예수 없는 예수교회"라고 질타하고 있습니다. 조금은 극단적인 표현이지만 "한마디로 한국의 예수교회는 예수님이 안 계십니다."라고도 말합니다. 교세의 양적 팽창과 대외적 선교열을 그토록 자랑하는 한국교회와 교인들의 삶 속에서 나사렛 예수, 갈릴리 예수를 만날 수 없다는 것, 이것이 바로 오늘 한국교회의 위기라고 그는 말합니다.

우리가 주일마다 고백하는 신앙고백인 사도신경에서도 예수 그리스도에 대해 "…이는 성령으로 잉태하사 동정녀 마리아에게 나시고, 본디오 빌라도에게 고난을 받으사 십자가에 못 박혀 죽으시고 장사한 지 사흘 만에 죽은 자 가운데서 다시 살아나시며…"라고 고백할 뿐 역사의 현장에 사시면서 예수님이 하셨던 사역과 행적에 대한 언급을 도무지 찾아볼 수 없는 것은 사도신경을 제정한 당시 초대교회 교부들의 신학의 한계였음을 그는 지적합니다. 그러면서 한국교회 역시 역사의 현장에 사셨던 예수의 삶과 교훈을 간과해 왔을 뿐 아니라, 박제된 교리의 그리스도는 말하면서 삶을 통해 우리에게 보여 주셨던 예수의 삶을 외면하고 있다고 지적합니다. 그의 지적에 큰 도전을 받았습니다.

우리는 하나님의 은혜로 그리스도를 믿는 것으로 구원을 받았습니다(엡 2:8). 믿음이란, 예수 그리스도를 구주로 동의한다는 수준을 넘어 그분의 삶을 본받고 살겠다는 결심이기도 합니다. 구원의 선물은 단순히 입술의 고백으로만 이루어지는 것이라기보다는 구체적으로 날마다 성화의 삶을 실천함으로써 이루어 가는 것입니다(빌 2:12). 그럼에도 불구하고 오늘 우리는 믿음으로 구원받은 것에만 만족하고, 구원받은 자로서 예수님의 삶을 따라 살려는 노력은 꾸준히 하지 않습니다.

한국교회는 가난해지는 것과 손해 보는 것, 꼬리가 되는 것과 낮아지는 것, 따돌림 받고 외면당하는 것을 가장 피하고 싶어 합니다. 당연한 일이요, 저부터도 이런 것들은 피하고 싶은 것들입니다.

그러나 예수님의 역사의 현장에서의 삶은 "여우도 굴이 있고 공중의 새도 집이 있으되 인자는 머리 둘 곳이 없도다."(눅 9:58)라고 말씀하실 만큼 철저히 자기 지분이 없는 무소유의 삶이었습니다. 예수님의 이 땅에서의 현실은 너무나 척박한 가난의 삶이었습니다. 마지막 그의 몸을 가렸던 홍포마저 로마 병정들이 빼앗았습니다.

그뿐입니까! 당시 권력의 중심부에 있는 유대 종교 지도자들의 비리와 형식주의를 가차 없이 비판하실 때마다 기득권자들로부터 따돌림 받고 외면당하며 철저히 반율법주의자로 매도당하기 일쑤였습니다. 고향 나사렛을 방문하셨을 때 회당에서 그분이 전한 말씀을 들은 고향 사람들까지도 "그가 유다 선민의 자존심을 훼손했다." 하여 죽이려고까지 하였습니다(눅 4:30). 자칫 잘못했으면 고향 사람들에 의해 비명횡사를 당할 뻔하기도 하였습니다. 결국 당시 기득권자들의 심기를 불편하게 한 죄로 온갖 혐의를 덮어쓰고 십자가 처형을 당해야 하는 잔인한 죽음을 맞았습니다. 사랑했던 제자들에게 배신을 당해야 했고, 일신의 이익을 위해 본인을 이용하려던 제자들의 야욕을 아시면서도 바보처럼 그들을 곁에 두시며 인내심을 갖고 가르치셨습니다. 병든 이들과 가난한 이들을 보시면 한 번도 그냥 지나치는 법이 없었습니다. 연민을 갖고 그들의 아픔에 같이 아파하시며 치유와 위로를 잃지 않았습니다. 심지어 죽은 자들까지 살려 주시면서 가족을 잃은 이들의 고통을 제하여 주기까지 하셨습니다.

40일이나 광야에서 금식하신 후 마귀로부터 "돌들로 떡 덩이가 되게 하라."는 유혹을 받으셨을 때는 얼마든지 돌이 아니라 바위라도 떡으로 만들 수 있는 능력이 있지만, "사람이 떡으로만 살 것이 아니요 하나님의 입으로 나오는 말씀으로 살 것이라."(마 4:4) 하시며 단호히 물리치셨던 그분은, 다른 이들이 배고파 굶주리는 것을 보실 때는 오병이어와 같은 기적을 행하셔서 배고픈 이들에게 먹을 것을 제공해 주는 일을 기꺼이 하셨습니다(막 6:44). 자기를 위해서는 배고픔을 참으셔도 다른 이들이 헐벗고 굶주리는 것을 차마 보실 수 없었던 분입니다. "내 아버지여 만일 할 만하시거든 이 잔을 내게서 지나가게 하옵소서. 그러나 내 원대로 하지 마옵시고 아버지의 원대로 하옵소서."(마 26:39) 겟세마네 생사의 기로에서 눈물로 기도하시던 그 적막한 밤에 그가 당하신 인간적인 외로움은 또 얼마입니까! 같이 따라와 주었던 베드로와 요한과 야고보 이 세 제자들은 그래도 예수님의 그 아픈 마음을 당연히 헤아릴 줄 알았습니다. 그러나 그 밤에 그들은 피곤을 이기지 못하여 잠들어 있었습니다. 그들을 찾아오신 예수님은 곤히 잠들어 있는 그들을 향하여 "너희가 나와 함께 한 시간도 이렇게 깨어 있을 수 없더냐!"(마 26:40)고 말씀하십니다. 그때의 주님의 마음을 헤아려 봅니다. '얼마나 실망을 하셨으면 이런 말씀을 하셨을까!' 하는 생각을 하자 눈물을 감출 수 없습니다.

이렇게 우리 주님은 배신당하고 철저하게 외면 받고 배은망덕 하는 이들을 보시고도 마지막까지 품어주시고, 이해하시고 "저들이 하는 일을 저들이 알지 못하나이다."(눅 23:34) 하시며 용서의 경계를 제한 없이 무너뜨리시며 이해와 용납으로 마지막 삶을 십자가에서 마감하실 때까지, 전적으로 고난과 아픔을 참으시며 사셨습니다. 물론 예수님이 그토록 고행의 삶을 사시기는 했지만, 번득이는 해학과 풍부한 유머 감각을 가지셨던 낙천적인 분임을 모르는 바는 아닙니다. 그가 이러한 가난을 자취하시고 타인을 위한 자기희생을 선택하실 때 그의 영혼은 자유로웠겠지만 육신은 늘 괴로웠던 지난한 삶을 사셨던 분입니다.

우리 한국교회는, 예수라는 이름으로 육신을 입고 이 땅에 오셔서 그분이 역사의 현장에서 어떤 모습으로 사셨는지에 대한 삶의 자리 헤아리기를 주저하거나, 그분이 말씀하시고 보여 주셨던 삶을 조명하는 일을 두려워하고 있는 것은 아닌지요? 왜냐하면 예수님처럼 살려면 너무 피곤하고 힘들기 때문에 말입니다. 그래서 교회가 신자들에게 역사적 예수의 삶에는 눈을 멀리하게 하고, 교리화 된 그리스도를 통해 얻게 되는 구원의 선물을 보장해 주면서 안전과 풍요를 세일(sell)하는 일을 선호하고 있지는 않은지요? 예수는 믿으면서도 예수처럼 살기를 꺼려합니다. 구원자 그리스도는 강조하면서도 늘 손해 보시고 다른 사람들의 이익과 안전과 평화를 위해 십자가를 지는 자기 희생을 보여 주셨던 역사의 예수를 제시하는 일에는 관심을 기울이지 않은 것은 아닌지요?

오늘 우리 많은 그리스도인 중에는 역사의 현장에 사셨던 예수님의 모습을 본받고 살기보다는, 할 수만 있으면 편하게 더 안전하게 더 넉넉하게 무사 안일한 삶을 구가하며 세속적인 성공을 위해 그리스도를 이용하고 있는 이들이 많은 것은 아닌지요?

이제는 역사의 현장에 살아 계셨던 예수를 말해야 하고, 알려야 합니다. 교회의 성장에 장애가 되기 때문에 예수의 삶을 은폐하는 우를 범하는 일은 없어야 합니다.

한국교회가 건강한 교회로 새로워지기 위해 지금 우선할 것은 바울 사도의 서신도 좋지만 복음서가 더 많이 읽혀야 하고, 더 많이 설교되어야 합니다. 예수님처럼 살겠다고 다짐하는 이들이 많아지면 많아질수록 우리 한국교회는 새로운 부흥의 전기를 맞을 것입니다.

(2009년 2월)

예수님이 원하시는 교회

지방에 집회인도차 갔다가 가슴 뭉클한 감동적인 이야기를 들었습니다. 그 지방의 누구나 선망하는 대형 교회에서 담임자를 구하였는데, 제가 잘 아는 후배 목사님이 청빙을 받았습니다. 그런데 당연히 청빙에 응할 줄 알았던 그 목사님이 거부의사를 밝혔다는 것입니다. 현재 그의 목회지가 청빙을 받은 교회와는 비교할 수 없을 만큼 여건이 좋지 않음에도 불구하고 말입니다. 그는 목회자에게 지급되는 사례비는 말할 것도 없고 생활환경이 월등하게 나은 조건이었지만, 청빙한 교회의 비전이 본인의 목회 비전과 맞지 않았기 때문이라고 합니다. 그는 지나치게 성장 일변도의 '기업형 교회'에서 사역하는 것을 원치 않았던 것입니다.

　미국 갈보리교회 담임인 글랜 와그너 목사가 쓴 「예수님이 원하시는 교회」(*The church you've always wanted*)라는 책을 읽었습니다. 1997년, 글랜 목사는 내분으로 교인이 3천 명에서 1,600명으로 줄어든 상황에서 청빙을 받았습니다. 그는 자신이 지향하는 목회 철학에 동의해 줄 것을 전제하고 청빙을 수락하였습니다. 글랜 목사가 담임목사로 부임한 후, 이 교회는 현재 미국에서 건강한 교회로 주목을 받는 대표적인 교회로 성장하고 있습니다. 글랜 목사는 '기업형 교회'를 지양하고 '목자형 교회'를 지향하였기 때문입니다.

　오늘 우리 현실은 세계 경제가 곤두박질치면서 현실을 타개하기 위해 저마다 안간힘을 쓰고 있습니다. 이러한 상황에서 교회 역시 상당한 위협을 받고 있습니다. 어떻게 하면 교회 예산과 교인 수도 줄지 않고 성장으로 나아갈 것인가 하는 문제는, 오늘 이 땅의 모든 교회가 안고 있는 과제입니다. 이런 녹록치 못한 여건에서 교회가 생존의 전략으로 이익을 창출하기 위한 기업의 운영 방식을 따르려는 유혹에 빠지는 것은 당연합니다.

글랜 목사는 미국교회를 관찰해 본 결과 기업 방식을 통해 양적 성장을 가져 온 교회와 영적 성장을 통해 신앙적으로 성숙한 교회 사이에는 큰 차이가 있다는 것을 알게 되었다고 말합니다. 전자는 단지 사람들을 불러 모으는 교회라 한다면, 후자는 사람들의 삶 속에 하나님의 뜻을 구현하려는 교회라는 것입니다.

지금까지 미국교회들도 '기업형 교회'를 선호하여 외적인 성장을 이룬 대형 교회들이 우후죽순처럼 생겨났지만, 교회에 대한 민심은 점점 이반되고 말았다고 지적합니다. 예수님은 우리에게 빛과 소금이 되라고 하셨지만, 사회는 더욱 더 부패해지고 어둠은 더 짙어지고 있습니다. 미국은 그 어느 때보다 도덕적인 해이가 극에 달하고 있습니다. 단적인 예로 현재 미국에서 미혼모 출생 비율이 1/3입니다. 조지 바너의 여론 조사 기관에서 밝힌 바는 우리에게 더 큰 충격을 줍니다. 기독교인들이 불신자들보다 이혼율이 더 높다는 사실입니다.

이런 교회의 상황은 우리 한국도 예외는 아닙니다. 그동안 양적으로 성장한 교회는 많지만, 여전히 도처에서는 반인륜적 사건이 꼬리를 물고 일어나고 있습니다. 물론 이러한 일련의 사건들을 전적으로 교회만의 책임으로 돌릴 수는 없지만, 김구 선생께서 "교도소 10개를 짓는 것보다 교회 하나 세우는 것이 낫다."고 일갈했던 때와는 너무나 대조적입니다. 교회가 세상에 희망을 주고 사회 변혁에 주도적인 역할을 해야 함에도 불구하고 도리어 짐스럽고 귀찮은 존재로 각인되고 있다는 생각을 지울 수가 없습니다.

교회에 대한 부정적인 정서를 부추기고 있는 한복판에 우리 감리교회가 있다는 것은 참으로 부끄러운 일이 아닐 수 없습니다. 최근에 나는 여러 목회자들에게 "차라리 교단을 떠났으면 좋겠다."는 탄식을 많이 들었습니다. 교회가 그 위상을 잃게 된 데에는 그럴 만한 이유가 있습니다. 간단히 말해, 교회가 존재해야 할 본질보다는 기능적인 일에 지나친 에너지를 쏟은 결과입니다. 성장주의 일변도로 나아가는 교회들은 양적 성장을 달성하기 위해 프로그램과 활동에 초점을 맞추고 있습니다. 하나님의 뜻을 분별하고, 그분과 더불어 사역해야 함에도 불구하고 너무나 인위적인 방법을 동원합니다.

글랜 목사는 오늘날 교회의 문제를 다음과 같이 지적하고 있습니다.

"교회 성장에 초점을 맞추어 복음 전도에 열심을 내는 교회, 두려움과 걱정, 또는 건강(비만)과 같은 개인적인 문제를 해결하는 방법을 설교하는 교회, 잘 짜인 예배를 통해 간단하게 교인들의 영적 욕구를 해결해 주고자 하는 교회, 참된 예배보다는 사람들의 이목을 끌 수 있는 활동에 초점을 맞추는 교회 등등, 요즘 교회들의 모든 활동은 대부분 사람으로 시작해서 사람으로 끝을 맺는다. 하나님은 그저 장식품에 지나지 않는다. 간단히 말해, 모임을 갖기 위해 친구 집을 이용하듯이, 하나님의 이름을 내세워 인간의 일을 도모하는 것이다. 이는 본질적 접근이 아닌 기능적 접근에 불과하다."

기업의 경우처럼 교회도 고객들에게 행복과 만족을 줄 수만 있다면 어떤 방법이든지 마다하지 않습니다. 물론 교회는 여러 가지 사역을 담당해야 합니다. 하지만 교회의 본질은 단순한 활동 이상의 의미를 담고 있습니다. 교회가 존재하는 것은 인간의 심리적 안정과 인간관계를 위한 조언을 제공하거나, 생활의 유익만을 위해 존재하는 것이 아닙니다. 다시 말하면 우리가 하나님의 백성이라는 정체성을 잃어서는 안 된다는 말입니다. 본질을 잃어버리면 아무리 좋은 것도 빛이 바랩니다.

대체로 오늘날 교회들은 조직화, 구조 조정, 카리스마, 다양한 프로그램, 목회적 기술 등을 선호하는 경향이 있습니다. 물론 이런 노력도 필요하지만, 더 중요한 것은 교회는 다른 무엇보다도 '하나님을 위한 것'이어야 한다는 것입니다. 교회는 믿는 자들을 통해 주변 사회에 하나님의 영광을 드러내야 합니다.

"교회는 위로는 하나님과 관계를 맺고, 아래로는 그리스도의 몸에 속한 성도들끼리 깊은 관계를 맺는 곳이다. 교회는 이와 같은 인격적인 관계를 통해 하나님을 영화롭게 하기 위해 존재한다."(크레이그 밴 겔더, Craig Van Gelder)는 것을 잊지 말아야 합니다.

교회는 하나님의 이상에서 비롯되었기 때문에 인간이 세운 단체나 조직처럼 운영되어서는 안 됩니다. 인간의 욕망을 채우기 위한 수단으로 전락하거나 그것을 부추기는 일을 해서는 안 됩니다. 하나님은 새로운 언약의 백성인 우리에게 새로운 삶의 방식을 요구하십니다. 주님은 우리가 자아를 부인하고 세상 사람들과는 차별화된 삶을 살기를 요구하십니다. 물론 우리가 이러한 삶을 산다는 것이 쉽지 않을지 모르나, 여전히 세속적 삶의 방식을 채용하여 성공과 출세를 위한 경영기법과 자기 개발을 위한 수단으로 신앙생활 하는 것은 복음의 본질에서 멀어지게 합니다. 교회 지도자들 중에는 '목회 성공'을 위해 기업체를 운영하듯이 인간적인 방법을 동원하여 교회를 운영하는 이들이 적지 않습니다. 당연히 하나님의 교회가 추구해야 하는 것은, 개인적인 욕구를 포기하고 다수의 이익과 하나님의 뜻을 이루는 것입니다. 그럼에도 불구하고 오늘 우리의 현실에서는 교회가 사유화되고 자신의 입신출세를 위한 수단으로 전락시키는 경우를 자주 목도합니다.

후배 목사가 저를 만나기 위해 사무실로 찾아왔습니다. 벌써 수개월 전부터 그가 섬기던 교회에서는 이상한 기류가 감돌고 있음을 알 수 있었답니다. 교회의 중추적인 평신도 지도자들 사이에서 그가 부임한 후 3년여가 지났지만 외적인 큰 변화가 오지 않았다면서 불평하는 소리를 해 왔고, 결국은 목사에게 교회를 떠나라는 최후통첩을 했다는 것입니다. 그래서 후배 목사는 고뇌에 찬 얼굴로 찾아왔던 것입니다. 교회는 새로운 프로그램을 도입하고 눈에 보이는 활동을 통해 교회에 새로운 바람을 일으켜서 비약적으로 성장하길 기대하였으나, 이 목사님은 그런 기대에 부응하지 못했다는 이유로 목회지를 옮겨야 하는 일이 일어난 것입니다. 오늘 대부분의 교회들이 기대하는 목회자 상은 '존재'(Being)보다 '행위'(Doing)입니다. 이는 목회자를 고용하고 해임할 때 목회적 관심보다는 기업형 교회가 되어 양적 성장을 기대하기 때문입니다. 큰 교회가 되는 것은 교인들에게 자존심을 세우는 일도 되지만, 큰 교회에 소속되었다는 것이 자신의 입지를 상당히 높여주는 데 한 몫을 한다는 것도 교인들이 알게 된 것입니다.

그러나 우리가 간과해서는 안 될 일이 있습니다. 교회는 무엇을 생산해 내는 공장이 아니라는 것입니다. 교회는 하나님 나라 백성들의 공동체입니다. 기업형 교회를 선호하는 이들은 가시적인 변화와 성장을 통해 자긍심을 높이거나 큰 교회라는 자랑은 할 수 있을지 모르나, 그것이 하나님 나라의 실체가 아닐 수 있음을 알아야 합니다. 아무리 교인 수가 많고 웅장한 교회 건물을 자랑한들, 예수 그리스도의 제자로서의 존재 변화를 통해 성화된 삶을 구현하지 못한다면 무슨 유익이 있을까요? 잎만 무성한 무화과나무와 같을 것입니다.

하나님의 교회가 지향해야 하는 것은 '존재'가 '행위'에 우선한다는 것입니다. 스티븐 마카이는 "건강과 활력이 넘치는 교회를 보면, 신자들의 삶에 성령의 열매가 주렁주렁 맺히는 모습을 보게 된다."고 말했습니다.

나는 예수 그리스도를 통한 존재의 변화 없이 사역에 힘겨워하는 이들을 자주 목격합니다. 연수원에서 매월 정기적으로 시행하고 있는 "엠마오 가는 길" 영성훈련에 참가한 이들이 주님과 인격적인 만남을 경험한 후 하나같이 고백하는 것은, 교회 생활이 짐처럼 무거웠다는 것입니다. 그러나 주님을 인격적으로 만나는 '존재'의 변화를 경험한 후 날듯이 기뻐하며 "이젠 무슨 일을 맡기셔도 감당할 만합니다."라고 고백합니다. '존재'의 변화 없이 '행위'만 강조하면 노역이 될 수 있습니다. 한국교회가 이젠 예수 그리스도와의 인격적인 만남을 통해 교인들이 새로운 존재로 태어나게 하는 일에 혼신을 다하지 않는다면, 교회는 여전히 머리 깎인 삼손처럼 무력할 수밖에 없을 것입니다.

(2009년 3월)

눈물이 있는 곳에

영성훈련 "엠마오 가는 길"을 소개합니다. 3박 4일 동안의 훈련을 마치면 참여자들에게 소감을 간단히 말하게 하는 순서가 있습니다. 40여 회에 걸쳐 이 프로그램을 진행하는 동안 참여자들에게 들은 한결같은 일성(一聲)은 "내 생애 중 가장 많은 눈물을 흘렸습니다."입니다. 이들 중에는 평신도 지도자들뿐 아니라 목회자들도 상당수 있습니다. 목회자들이나 신앙생활을 오래 한 평신도나 예외가 없습니다. 저는 옆에서 이분들을 지켜보면서 하나님이 부어 주시는 은혜에 대한 반응은 하나같이 눈물의 응답이라는 것을 알게 되었습니다. 놀라운 사실은 눈물을 흘리며 소감을 말하는 이들 중 "지난 며칠은 내 생애에 가장 행복한 날이기도 했습니다."라고 말하는 분들이 많이 있다는 것입니다. 눈물과 기쁨은 전혀 다른 감정의 표현임에도 사실은 동시적인 현상으로 나타납니다. 그들이 흘리는 눈물은 소녀 때의 감상을 넘어선 회개의 눈물이기에 기쁨을 수반한다는 것을 알 수 있습니다. 회개의 눈물만이 진정한 기쁨을 가져다 줄 수 있기 때문입니다.

어린 시절 교회에서 눈물 흘리는 이들을 많이 본 기억이 있습니다. 말씀을 듣다가 우는 이, 찬송을 부르다가 우는 이, 기도를 하다가 우는 이. 그런데 오늘날 교회에서는 웃음은 자주 보지만, 눈물을 흘리는 이들을 찾아보기가 쉽지 않습니다. 찬송소리, 통성으로 하는 기도 소리, 악기 소리는 크게 들리는데 눈물이 배어 있는 찬송과 기도 소리는 점점 듣기가 어렵습니다. 눈물은 회개의 외적이며 생리적인 표현입니다. 하나님 앞에서 자신의 부끄러운 치부를 발견하고 안타까워하는 자들만이 자신의 비참을 고통으로 받아들이며 슬퍼 애통합니다.

시편 기자는 "주의 법을 지키지 아니하므로 내 눈물이 시냇물 같이 흐르나이다"(시 119:136)라고 저들이 지은 죄에 대한 통렬한 아픔을 느끼며 눈물을 시냇물처럼 흘렸다고 말합니다. 오늘 우리시대의 영성을 마비시키며 무력하게 하는 천적이 있다면, 눈물 없는 구원의 약속입니다. 눈물이 사라진 강단은 물이 없는 건조한 땅에 씨를 뿌리는 것과 같습니다. 말씀은 눈물로 뿌려야 하고 그 눈물로 자라게 됩니다. 그래서 성경은 "눈물을 흘리며 씨를 뿌리는 자는 기쁨으로 거두리로다."(시 126:5)라고 말합니다.

눈물은 죄를 씻어 내는 정화제입니다. 눈물이 있는 회개가 먼저이고 구원이 주는 웃음은 나중입니다. 예수님이 공생애를 시작하시면서 맨 먼저 하신 말씀이 "회개하라 천국이 가까이 왔느니라."(마 4:17)입니다. 회개 없는 구원은 없습니다. 베드로 역시 오순절 그의 첫 번 메시지는 "회개하라"(행 2:38)였습니다. 그럼에도 불구하고 점점 눈물을 뿌리는 회개를 보기가 어려워지고 있습니다. 회개의 눈물이 마르면 은혜도 마르게 되는 것은 당연합니다. 많은 사람들이 교회에 적은 두고 있지만, 할 수 있는 대로 눈물은 피하려고 합니다. 야고보 사도는 "슬퍼하며 애통하며 울지어다. 너희 웃음을 애통으로, 너희 즐거움을 근심으로 바꿀지어다."(약 4:9) 웃음이 있기 전에 애통함이 먼저입니다. 즐거움에 앞서 근심입니다. 애통이 없는 웃음은 찰나적이며 경박한 웃음이기 십상입니다. 그러나 울음 후에 있는 웃음은 진정한 웃음이 됩니다. 예수님은 "지금 주린 자는 복이 있나니 너희가 배부름을 얻을 것임이요 지금 우는 자는 복이 있나니 너희가 웃을 것임이요."(눅 6:21)라고 말씀하셨습니다. 지금은 울고 나중에 웃어야 합니다. 지금 웃는 자는 후에 울 수밖에 없습니다. 지금 흘려야 할 눈물을 외면하면 후일에 웃을 일이 없어집니다. 오늘 우리 한국교회는 잃었던 눈물을 다시 찾아야 할 것 같습니다. 눈물을 사랑하고 소중히 여기는 풍토를 만들어야 합니다. 강단을 조악한 희극 극단으로 만들어서는 안 됩니다. 눈물의 회개는 찾아보기가 어렵고 춤추고 노래하고 잔치만 하고 있다면 언젠가 눈물을 흘리는 날이 올지 모릅니다. "그러므로 너희가 회개하고 돌이켜 너희 죄 없이 함을 받으라 이같이 하면 새롭게 되는 날이 주 앞으로부터 이를 것이요."(행 3:19)

회개가 필요 없는 사람은 아무도 없습니다. "이제는 어디든지 사람에게 다 명하사 회개하라 하셨으니"(행 17:30)라고 성경은 말합니다. 회개하지 않아도 되는 사람은 아무도 없습니다. 그럼에도 불구하고 오늘 우리는 회개하지 않고도 설교를 합니다. 직분도 받습니다. 봉사도 합니다. 회개 없이 전도도 합니다. 과연 회개 없는 헌신이 가능할 수 있는 것일까요? 물론 할 수는 있습니다. 그러나 거기에는 경건을 가장한 위선과 허위의식은 있어도 하나님의 능력을 찾아보기는 어렵습니다.

과연 우리는 회개를 언제 하였습니까? 회개 없이도 교회는 다닐 수 있습니다. 한번은 제가 연수원에서 성례전(聖禮典)에 대한 말씀을 하다가 세례의 중요성을 강조한 일이 있습니다. 세례는 회개의 외적인 표현으로서 세례 없이는 구원도 없다고 했습니다. 이 말을 들은 사람들 대부분이 교회에 오래 출석한 이들인데, 그 중 모 교회 권사님 한 분이 심각한 표정을 지으며 저를 찾아왔습니다. "목사님, 대단히 송구하지만, 저는 사실 세례를 받은 기억이 없습니다. 어떻게 하면 좋습니까?" 그때 저는 기도로 준비하게 한 후 이분을 따로 내 사무실로 모시고 가서 세례 문답을 받고 세례를 베푼 일이 있습니다. 그는 지금까지 세례를 받지 않고 교회에 직분을 감당해 왔던 저간의 고민을 실토하였습니다. 자신이 출석하는 교회에서는 그러한 자신의 내밀한 사실을 말하기가 부끄러워 누구에게도 말하지 못하고 고민만 하고 있었다는 것입니다. 그날 그는 세례를 받은 그 기쁨을 눈물로 반응하였습니다. 아직도 나는 그가 뛸 듯이 기뻐하던 모습을 잊을 수 없습니다. 물론 세례가 모든 이에게 회개를 담보하는 것은 아니지만, 세례라는 성례를 통해 진정한 회개가 수반되어야 하는 것은 당연한 일입니다. 세례는 회개의 외적인 표현으로 모든 가치와 삶의 우선순위를 그리스도에게로 집중하겠다는 의지의 표현입니다.

지금도 그리스도인이라고 말하는 이들 중에는 회개 없이 천국을 월장(越牆)하려는 사람들이 많이 있습니다. 영국의 리처드 백스터 목사님은 이렇게 도전합니다. "당신은 회개를 체험한 날을 기억하고 있는가? 당신을 회개케 한 그 설교를 기억하고 있는가? 당신의 영혼이 변화되기 시작한 시점을 정확히 기억하고 있는가? 이에 선뜻 대답할 수 없다면 당신이 회개했다는 것을 어떻게 알 수 있는가? 진실한 회개로 당신의 영혼이 총체적으로 변화되었고 심령이 새로워졌다고 어찌 말할 수 있단 말인가? 너무도 많은 사람들이 육신과 자아의 탐욕스러운 욕구로 여전히 자신을 통치하면서도, 단지 추잡하고 역겨운 죄를 짓지 않으려 애쓰고 있다는 이유 하나만으로 '나는 도둑도 술주정뱅이도 사기꾼도 아니야! 난 교회도 나가고 기도도 한다고!

난 회개했어.'라고 말한다니 말이다."라고 탄식하였습니다.

이와 같은 짝퉁 그리스도인들은 얼마든지 있습니다. 오늘날 점점 죄에 대한 기준이 너무 허술해지고 있습니다. 그리고 교회가 죄에 대하여 관대해지고 있습니다. 누구나 믿기만 하면 구원을 보장해 주는 복음의 바겐세일을 이젠 자제하여야 합니다. 교회 안에 회개하지 않은 자들이 넘치고 있습니다. 눈물의 회개는 자취를 감추고 점점 예배까지도 엔터테인먼트화 하면서 퍼포먼스 방향으로 변질되고 있는 것 같습니다. 사람의 주목을 끄는 데에 더 많은 에너지를 쏟고 있다는 느낌을 받을 때가 많습니다.

회개는 하나님께로의 전적인 전향을 의미합니다. 모든 가치의 기준을 그리스도께로 집중하는 것입니다. 모든 세상적인 것을 내려놓고 주님만을 바라보는 것입니다. 이러한 가치의 전도(顚倒) 없이는 진정한 변화가 있을 수 없습니다. 육신의 탐욕과 이기심과 자기 과시에서 헤어나지 못한 채, 여전히 하늘에 속한 것보다는 땅의 것에 마음을 두고 사는 한, 진정한 회개는 일어나지 않습니다. 자신의 비참을 깨닫지 못하는데 어떻게 진정한 회개를 기대할 수 있겠습니까? 자신의 죄를 뉘우치고 회개하는 과정에서 흘리는 눈물만이 그것을 입증해 줍니다.

다시 강조하지만, 교회가 경계해야 할 것은 회개 없이도 구원을 보장해 주는 인상을 주는 것입니다. 헌금을 많이 한다거나 교회 일에 시간을 내거나, 습관적인 교회 봉사가 구원을 보장해 준다면 얼마나 좋겠습니까? 그러나 안타깝게도 그런 우리의 열심과 헌신이 회개 이후에 있지 않다면 구원과는 상관이 없는 취미활동 정도로 전락하고 말 것입니다. 우리는 주변에서 그리스도인들이라고 말하는 사람들 중에 눈물의 회개 없이도 구원과 천국을 받은 것처럼 행세하는 이들을 많이 만납니다. 하나님의 말씀 중 거룩한 성도의 심령을 위로하고 강하게 하는 것들은 많지만, 회개하지 않아도 구원을 받을 수 있다는 말씀은 찾기 불가능합니다.

예수님은 당시 회개를 유보하고 있는 도성 예루살렘을 바라보시면서 "예루살렘아 예루살렘아 … 암탉이 그 새끼를 날개 아래에 모음같이 내가 네 자녀를 모으려 한 일이 몇 번이더냐 그러나 너희가 원하지 아니하였도다."(마 23:37) 하시면서 눈물을 흘리신 적이 있습니다. 오늘 우리 한국교회를 바라보시는 주님의 마음은 어떠실지 생각해 봅니다. 우리가 울지 않는 한 주님의 울음을 멈추게 하기는 어려울 것입니다.

울음을 잃어버린 것은 죄에 대한 민감성을 잃었기 때문입니다. 정말 우리가 누구인가를 바로 알면 울지 않을 수 없습니다. 그리고 다른 사람들의 죄를 보고 가슴 아파하며 울 수 있어야 합니다. 그러나 오늘 우리는 자신의 죄에 대해서도 그렇지만, 다른 사람의 죄에 대해서도 관대하기만 하고 울 줄을 모릅니다. 예레미야 선지자는 이스라엘 민족이 하나님을 떠나 우상 앞에 절하고 살아가는 것을 보고 너무 안타까워 경고한 후 이렇게 말합니다. "너희가 이를 듣지 아니하면 나의 심령이 너희 교만으로 말미암아 은밀한 곳에서 울 것이며"(렘 13:17) 하나님의 사람 예레미야는 다른 이들의 죄를 안타까워하며 늘 울었습니다. 죄가 머무는 곳에는 죽음이 기식합니다. 죽음을 보고도 안타까워하지 않는다면 그는 영적으로 죽은 자와 같을 것입니다.

우리 한국교회가 눈물을 다시 찾는다면 희망이 있습니다. 그러나 눈물을 외면하고 천박한 웃음으로 강단을 채우거나 얄팍한 수단으로 사람들을 모으려 한다면 빈 자리는 더 많아질 것입니다. 눈물과 회개 없이 구원의 감격을 경험할 수는 없습니다. 구원의 감격을 경험한 한 시인은 이렇게 노래합니다. "나의 유리함을 주께서 계수하셨사오니 나의 눈물을 주의 병에 담으소서 이것이 주의 책에 기록되지 아니하였나이까"(시 56:8)

"애통하는 자는 복이 있나니 그들이 위로를 받을 것임이요."

(마 5:4)

(2009년 11월)

영성회복,
교회를 교회 되게 하는 유일한 길입니다

"엠마오 가는 길"은 예배와 성찬, 그리고 말씀을 듣는 일들이 대부분의 일정입니다. 그럼에도 불구하고 놀라운 성령의 역사가 일어납니다. 삶의 현장에서 이루 헤아릴 수 없는 갖가지 어려운 문제로 지친 영혼들이 많았습니다. 그런데 그들이 영성 훈련을 통해 하나님의 현존을 체험하고 심기일전하여 예수 그리스도의 신실한 제자로서의 삶을 다짐하며 감격에 벅차 돌아갑니다.

영성을 회복하면

　오늘 우리 한국교회는 이전 같지 않아 교회 성장이 멈추고 침체 현상을 보이고 있는 것이 사실입니다. 이러한 원인은 여러 가지가 있겠지만 교회가 교회의 정체성을 상실하고 있다는 비판에서 그 이유를 찾을 수 있습니다. 특히 그리스도의 몸으로서의 교회의 본래적 기능을 다하지 못하고 가시적인 건물 중심의 교회에 에너지를 지나치게 쏟을 뿐 아니라 교회의 내폐성, 즉 교회가 세상을 위해 존재하기보다는 교회만을 위한 교회라는 집단 이기주의가 편만하고 있다는 사실에 사람들이 실망하고 있는 것 같습니다. 이러한 현상은 결국 예수 그리스도가 몸을 입고 이 땅에 오셔서 보여 주셨던, 그분의 삶과 교훈을 오늘날 교회들이 재현해 주지 못하고 있기 때문이라고 여겨집니다.

이러한 교회의 현실에 대하여 가슴 아파하며 다각적인 해결을 위한 일련의 노력들이 없는 것은 아닙니다. 연수원에서도 이러한 현실적인 요청에 부응하기 위해 2005년부터 "엠마오 가는 길"이라는 영성 훈련을 실시하고 있습니다. "엠마오 가는 길"(Walk to Emmaus)이라는 영성 훈련은 미국 연합감리교회(UMC) 제자국, 다락방(Upper Room)이 1975년에 가톨릭의 꾸르지오(Cursillo) 운동에서 도입한 수도 공동체 영성 훈련 프로그램에 감리교 신학을 접목하여 개신교 영성 훈련 프로그램으로 발전시킨 것입니다.

2004년 나는 미국 현지에서 3박 4일 동안 시행한 "엠마오 가는 길" 영성 훈련에 참여하였습니다. 오늘 우리나라에서 유행하는 "뜨레스 디아스"(Tres Dias)와 비슷한 일정이었지만, 그 내용에는 현격한 차별성이 있는 영성 훈련임을 발견하였습니다. 그래서 우리나라에 도입했으면 좋겠다는 생각을 하고 돌아왔습니다. 그 후 우리 연수원의 계획에 동의한 목회자들과 평신도 15명이 미국 연합감리교회의 초청을 받고 텍사스에서 실시한

"엠마오 가는 길"에 남녀들이 분산되어 영성 훈련을 받고 왔습니다. 참여했던 이들이 하나같이 신선한 영적 도전을 받고 한국교회에 필요하다는 의견에 동의해 줄 뿐 아니라, 이들이 주축이 되어 한국 최초로 "엠마오 가는 길" 영성 훈련을 위한 운영 이사회를 결성하였습니다. 그 후 미국에서 세계 엠마오 공동체 영성 디렉터인 페레즈(Dr. Perez) 목사님이 내한하여 우리의 의사를 수용하고 "엠마오 가는 길"(Walk to Emmaus)이라는 명칭으로 공동체 승인을 받는 조인식을 가졌습니다.

이렇게 태동한 "서울 엠마오 가는 길" 영성 훈련은 처음에는 미국 현지 여러 사람들의 도움을 받으며 2005년 8월에 1기를 시작하여 21기를 마칠 수 있었습니다. 그동안 수료자들이 약 1,000여 명이 되는데 그들 중 대부분이 교회의 지도자들인 목회자들과 교회의 중견 임원들입니다.

"엠마오 가는 길"의 목적은 3박 4일 동안, 72시간의 집중 훈련을 통해 참여자들에게 깊은 영적 도전을 주며 하나님과의 정상적인 관계를 회복하게 하여 건강한 그리스도인으로 살아가게 하는 데 있습니다. 개인의 변화만이 아니라 크리스천 지도자로서의 사명을 다하게 하여 개체 교회와 지역 사회, 나아가 세계를 변화시키는 일에 일조하게 돕는 영성 훈련입니다.

이 "엠마오 가는 길" 프로그램 내용을 지상에 밝히는 것은 매뉴얼상 금지되어 있어 밝힐 수는 없습니다. 그러나 일반 영성 수련회와 큰 차이는 없습니다. 예배와 성찬, 그리고 말씀을 듣는 일들이 대부분의 일정입니다. 그럼에도 불구하고 놀라운 성령의 역사는 매기마다 일어나고 있습니다. 지금까지 참여한 필그림(Pilgrim, 참여자들을 필그림이라 호칭함)들 중에는 목회를 접고 싶었던 유혹 앞에 고민하던 이들, 자살 충동에 목숨을 포기하려던 이들, 사업에 실패한 이들, 부부의 심각한 갈등으로 가정이 붕괴 직전이던 이들, 현실 교회에 대한 부정적인 생각으로 신앙을 포기하려던 이들, 목회자와의 갈등으로 고민하던 이들, 삶의 현장에서 이루 헤아릴 수 없는 갖가지 어려운 문제로 지친 영혼들이 많았습니다. 그런데 그들이 3박 4일의 영성 훈련을 통해 하나님의 현존을 체험하고 심기일전하여 예수 그리스도의 신실한 제자로서의 삶을 다짐하며 거룩한 결심을 표명하고 감격에 벅차 귀가하였습니다.

이 영성 훈련에 참여한 목회자들 중에는 자신들이 섬기는 교회 평신도 지도자들을 대거 참여시켜 교회가 이전에 없던 영적 변화를 경험하고 있는 교회들이 점점 많아지고 있습니다. 아현중앙교회(담임 이선균 목사)는 약 100여 명이 이 훈련을 받은 후 교회가 놀라운 영적 변화를 보이면서 건강한 교회로 도약하고 있다는 소식을 전합니다. 이 교회에 적을 두고 있는 한 성도는 "우리 교회는 "서울 엠마오 가는 길"을 경험한 성도가 많아지면서 하나같이 행복해졌습니다."라고 말합니다. 만나면 서로 격려하고 위로하며 봉사에도 앞장 서는 이들이 많아져 즐거운 비명이라는 것입니다. 그러다 보니 결국 모이는 성도 숫자도 많아지고 교회가 새롭게 활성화 되면서 행복하고 건강한 교회가 되고 있다고 말합니다.

허태수 목사는 "엠마오 가는 길" 제1기에 참여하였다가 개인적인 영적 회심과 함께 사명의 재헌신을 다짐한 후, 그가 담임하는 성암교회 성도들을 지속적으로 참여하게 했습니다. 그 결과 지금 성암교회는 같은 지방의 영세한 미자립 교회들과 합병을 하고 네 분의 목회자들이 공동 목회를 하는 패러다임의 변화를 시도하여 건강하게 성장해 가는 교회로 변신하였습니다. 역시 이 교회를 출석하는 한 장로님은 "오늘 한국교회 위상이 많이 실추되어 걱정을 하고 있지만, 우리 교회는 가장 건강한 교회라고 자부합니다."라고 자랑하고 있습니다. 그뿐 아니라 춘천남지방에 속한 30개 교회 중에 20여 명의 목회자들이

"서울 엠마오 가는 길" 영성 훈련을 참여하고 지방 전체의 영적 분위기가 쇄신되어 지방회에서는 신경하 감독회장이 참관하여 격려하고 치하할 정도로 큰 변화를 보여 주고 있습니다.

얼마 전 저는 어느 일간지에서 한 크리스천 젊은이의 인터뷰 기사를 읽다가 아연실색하지 않을 수 없었습니다. "할 수 있으면 자신이 그리스도인이라는 사실을 숨기고 싶다."고 말하였기 때문입니다. 언제부터인가 교회가 비난의 대상으로 전락하고, 그리스도인이라는 사실을 숨겨야 할 지경에 이른 것은 가슴 아픈 일이 아닐 수 없습니다. 교회는 유례없는 성장을 가져왔음에도 불구하고 정작 오늘날 한국의 그리스도인들이 자존감을 잃고 있다는 것은 슬픈 일입니다. 문제는 교회가 교회다워야 하는데 교회가 세속적인 가치관에 오염되어 교회의 독보적인 정체성을 상실한 데 그 원인이 있을 것입니다.

교회가 세상과는 달리 이익 추구를 목적한 이익공동체(게젤샤프트)가 아니라 다른 사람들의 이익과 복리를 위한 이타적인 공동체(게마인샤프트)로서 존재해야 함에도 불구하고 본래적 교회됨을 망각하고 있다는 비난의 소리가 비등하고 있습니다. 그리스도인들의 목표인 하나님 나라는 외면당하고 단지 이생에서 잘 먹고 잘 사는 것에만 관심을 두고 있다는 인상을 지울 수가 없습니다. 왜냐하면 교회도 그리스도인들도 모두 성공 지상주의를 표방하면서 세속적인 경제 논리에 목숨을 걸고 있기 때문입니다. 십자가 위에서 흘리신 그리스도의 피의 복음은 설자리를 잃어버리고, 해괴한 사이비 짝퉁 복음이 백주에 난무하며, 진리의 복음은 부자와 성공의 복음으로 변질되면서, 기독교가 기복종교로 오해받게 되고 말았습니다.

오늘 우리 한국교회가 이대로는 안 된다는 자성의 목소리가 고고하게 울리고 있지만 변화의 몸짓을 하려는 교회들이 그리 많지 않습니다. 여전히 교회는 빌딩을 세우고 상품권까지 주면서 교인 머리 수 채우는 일에만 혈안이 되어 있다면 더 이상 희망은 없습니다. 교회는 있어도 예수님의 영성이 없는 교회는 교회라 할 수 없습니다. 이제 우리는 예수 그리스도의 삶과 말씀을 회복하여 복음이 기복적인 수단으로 전락하는 것을 막아야 합니다. 그래서 교회가 그리스도의 몸으로서의 본래 기능을 다하는 사명을 감당해야 할 것입니다. 오늘의 무너져 가는 한국교회의 위상을 회복하고, 교회를 교회되게 하는 유일한 길은 예수님의 영성을 회복시키는 일입니다.

차제에 "엠마오 가는 길" 영성 훈련이 한국교회와 성도에게 새로운 비전을 주며, 그리스도의 영성을 갖게 돕는 은혜의 통로가 될 뿐 아니라, 교회를 건강하게 하는 도구로 사용되기를 기대합니다. 또한 "서울 엠마오 가는 길" 영성 운동이 전국으로 확산되어 영적 부흥을 위한 작은 불씨가 되기를 기도하고 있습니다.

"크든 작든 온 세상을 얻었지만, 우리의 영혼을 싸구려 값에 팔아넘긴 채 정곡에서 빗나가는 인생을 살지 않았는가? 당신은 만점을 얻고도 인생에서 낙제할 수 있다."(워커 펄시)

(2008년 4월)

설교가 듣고 싶어서

목사에게 설교는 천직이며 운명이라 할 수 있습니다. 설교를 한다는 것은 목사만의 특권이며 의무입니다. 그리고 무한책임이기도 합니다. 설교 없는 목회는 상상할 수 없습니다. 필자에게도 설교는 언제나 부담이면서 동시에 기쁨이었습니다. 그동안 강단에서 전한 설교 횟수가 얼마나 될지 정확한 통계는 아니지만, 아무리 적게 잡아도 일만 번은 족히 넘을 것입니다. 그 많은 설교를 어떻게 했는지 부끄러운 생각뿐입니다. 어떤 때는 설교를 정말 안 했으면 좋겠는데 목사라는 이유 때문에 피할 수 없었던 때도 많았습니다. 바쁘다는 핑계로 성령의 도움을 배제시킨 채, 기도도 없이 내 생각을 설교로 포장하여 전하기도 하였습니다. 돌아보니 성도를 기만한 죄가 너무 커서 부끄러워 고개를 들 수 없습니다.

남들은 쉽게 몇 시간이면 준비한다는 설교가 나에게는 언제나 전투였고 씨름이었습니다. 그래서 대부분 주말엔 초긴장 상태였고 뜬눈으로 밤을 지새운 적도 많았습니다. 준비한 말씀을 가지고 주일 예배 시간을 두려운 마음으로, 때로는 설레는 마음으로 기다리기를 반복하였습니다. 그렇게 설교를 하며, 일희일비(一喜一悲) 보낸 세월이 어언 40해가 되었습니다. 그 중에 20년은 고국을 떠나 이민자들과 보낸 세월이었습니다. 지난 2003년 말, 미국에서의 이민목회를 접고 연수원에 온 후부터는 강단을 떠나 설교의 굴레에서 잠시 해방되었습니다. 한동안 주일이 되면 홀가분하기도 했지만, 많이 허전하기도 했습니다. 지키던 강단을 떠나 다른 이들의 설교를 들으며 보낸 세월도 벌써 4년이 지났습니다. 그동안 설교를 할 수 있는 기회도 많았지만, 남의 설교를 들으며 남다른 특권도 누리고 있습니다. 주일이면 소속된 교회에서 이른 아침 1부 예배를 드리곤 11시에는 다른 교회를 다니며 예배를 드리기도 합니다. 어떤 날은 큰 기대를 하지 않고 예배에 참여하였다가 대박을 얻은 듯한 기쁨을 안고, 행복함에 감격의 눈물을 흘리며 돌아오는 때도 있습니다. 그러나 때로는 큰 기대를 하고 찾아갔다가 실망만 하고 무거운 발걸음으로 돌아올 때도 있습니다.

다른 이들의 설교를 들으면서 행복해 하거나 실망하는 경우는 대체로 다음과 같은 이유 때문입니다.

먼저 실망할 때는 설교가 '말씀'으로 들리지 않을 때입니다. 설교자가 자기 뜻을 이루기 위해 사람들을 설득하는 경우입니다. 본문으로 삼은 성경은 설교자의 생각과 뜻을 뒷받침해 주는 액세서리 정도로 인용되는 것이 고작입니다. 설교를 자신이 의도한 바를 설득하기 위한 수단으로 삼을 때, 말씀은 실종되고 다만 인간의 목적만이 강조될 뿐입니다. 설교는 하나님의 말씀을 선포하는 '케리그마'입니다. 그럼에도 불구하고 설교를 설교자의 목적을 위한 수단으로 전락시켜 설교자의 생각을 따르라고 강변할 때, 실망을 금치 못합니다.

다음은 설교가 사람들의 요구에만 민감하게 반응할 때입니다. 하나님의 요구보다는 사람들의 요구를 우선함으로 사람들의 귀와 마음만을 즐겁게 하는 경우입니다. 이것은 사람들의 필요를 채우기 위해 말씀을 왜곡하여 헐값으로 판매하는 것입니다. 장사하는 이들이 고객의 만족을 위해 온갖 상술을 구사하듯이, 오늘날 많은 강단에서는 지나치게 사람들의 요구에 말씀을 끼워 맞추기를 하고 있습니다. 바울은 분명히 "이제 내가 사람들에게 좋게 하랴, 하나님께 좋게 하랴, 사람들에게 기쁨을 구하랴, 내가 지금까지 사람들에게 기쁨을 구하였다면 그리스도의 종이 아니니라."(갈 1:10)고 말하면서 올곧게 하나님만을 기쁘시게 하는 복음을 전하겠다는 의지를 천명한 바 있습니다.

또한 성경은 "모든 성경은 하나님의 감동으로 된 것으로 교훈과 책망과 바르게 함과 의로 교육하기에 유익하니"(딤후 3:16)라고 말합니다. 오늘날 강단에서 책망은 실종되고 사람들의 귀와 마음을 즐겁게 해 주는 값싼 위로와 격려가 강조되곤 합니다. "죄, 회개, 십자가, 고난, 지옥, 실패"와 같은 단어들을 듣기가 어려워졌습니다. 이전의 강단에서 자주 들을 수 있었던 "천당과 지옥"은 점점 신화가 되고 있습니다. 많은 설교자들이 회중과 타협하기를 주저하지 않습니다. 사람들에게 상처를 주어서는 안 된다는 미명으로 사람들의 치부나 죄악에 대하여 언급을 회피합니다. 그래서 강단에서 책망과 경고가 사라져 가고 있습니다. 죄를 지적하면 위협이라고 여깁니다. 경고와 위협을 혼동하고 있습니다. 위협은 나쁜 것이지만, 경고는 사람을 살립니다. 만일 의사가 수술이 필요한 환자의 집도(執刀)를 거부하고 고통을 일시 제거해 주는 마취약만 투여한다면, 그는 직무유기로 마땅히 지탄받아야 할 것입니다. 또한 붕괴될 위험이 있는 다리를 건너려는 사람에게 "지금 다리가 붕괴될 위험에 놓였으니 건너가지 마십시오." 하고 경고하는 것은 죽을 사람을 살리는 일입니다. 예수님은 "너희도 만일 회개하지 아니하면 다 이와 같이 망하리라."(눅 13:3)고 경고하셨습니다. 우리가 예수님의 말씀과 사역을 세밀하게 살펴보면 사람의 비위를 맞추기보다는 언제나 하나님의 영광을 우선하셨던 것을 알 수 있습니다.

"필요를 충족시키는 것이 항상 필요를 만족시키는 것은 아니다. 종종 필요 이상으로 충족시킨 나머지 결국 환멸을 느끼게 한다. 임마누엘 칸트는 말했다. '사람에게 그가 원하는 것을 모두 주어 보라. 그러면 바로 그 순간에 그는 모든 것이, 모든 것이 아니라고 느낄 것이다.' (오스기니스, Os Guinness)" 사람들의 요구에만 반응하는 설교는 결국 불만만을 가중시키고 말 것입니다.

설교를 듣고 실망하는 경우도 있지만, 다른 사람의 설교를 듣고 기갈한 내 영혼을 채우는 기쁨을 경험하며 감격으로 하늘 향해 얼굴을 든 때도 있습니다. 우선 그 설교에서는 설교자가 잘 보이지 않았습니다. 그런 설교자일수록 목소리가 크지 않습니다. 그럼에도 불구하고 그 말씀이 예수님의 육성처럼 들립니다. 그 말씀에는 변호보다는 증언이 있습니다. 말씀을 집요하게 천착하여 본문을 인용 수준으로 전락시키지 않아 말씀에서 눈을 떼지 못하게 합니다. 특별히 새로울 것도 없지만, 영혼으로 집중하게 합니다. 수사학적으로 화려하지도, 신학적으로 기발하지도 않습니다. 하지만 그 말씀에는 그리스도의 피가 묻어 있는 것처럼 느껴집니다. 30분의 설교를 위해 설교자가 바친 시간의 길이를 가늠할 수 있게 합니다. 절대로 청중을 무시하지 않는 설교자의 성실함을 엿볼 수 있습니다. 사람들을 조종(manipulate)하거나 유혹하기보다는 진심으로 영혼을 사랑한다는 것을 느낄 수 있습니다. 설교자가 골방에서 무릎으로 머문 시간의 길이가 얼마였을까 궁금하기도 합니다. 말씀을 들으면서 강한 성령의 임재를 느끼며 때로는 전율이 흐릅니다. 눈에는 눈물도 고입니다. 고통과 기쁨이 교차되며 허위로 얼룩진 내 모습으로 인해 부끄러움을 느낍니다. 그리고 고백할 수밖에

없었던 죄상들을 토설하게 합니다. 무엇보다 주님을 사랑하고
자 하는 열정이 샘솟습니다. 저는 얼마 전 100여 명이 모인 어
느 교회의 예배 시간에 말씀이 생기의 원천이 됨을 다시 한 번
확인하며, 행복한 주일을 보냈습니다.

오늘 우리 한국교회의 강단이 사단의 계교로 무너지고 있는
것은 아닌지요? 결국 강단의 말씀이 회복되어 살아 계신 주님
의 육성으로 들린다면 만사가 해결될 것 같습니다. 바울 사도
가 복음의 사신이 되어 소아시아 전역을 복음으로 채우는 일을
하게 된 것은 그가 전한 말씀의 권위 때문이었다는 것은 두말
할 여지가 없습니다. 바울은 자신의 설교 사역을 다음과 같이
말했습니다. "형제들아 내가 너희에게 나아가 하나님의 증거를
전할 때에 말과 지혜의 아름다운 것으로 하지 아니하였나니 내
가 너희 중에서 예수 그리스도와 그의 십자가에 못 박히신 것
외에는 아무것도 알지 아니하기로 작정하였음이라. 내가 너희
가운데 거할 때에 약하여 두려워하며 심히 떨었노라. 내 말과
내 전도함이 지혜의 권하는 말로 하지 아니하고 다만 성령의
나타남과 능력으로 하여 너희 믿음이 사람의 지혜에 있지 아니
하고 다만 하나님의 능력에 있게 하려 하였노라."(고전 2:1~5)

그는 당대에 탁월한 가말리엘의 문하에서 수학했던 타의 추종을 불허할 만한 학문적인 깊이를 가진 사람이었지만, "말과 지혜의 아름다움"을 설교의 도구로 사용하지 않았습니다. 당시 고린도는 아덴의 사상가들을 압도할 만한 학자들이 군웅할거(群雄割據)하던 도시였습니다. 바울은 학문적인 능변으로 그들에게 복음을 변증할 수도 있었습니다. 그러나 그는 학문적인 기교나 인위적인 방법으로 사람을 설득하려고 하지 않았습니다. 그것은 마치 촛불을 들고 태양 빛을 도우려는 것과 같다고 생각한 것입니다. 그는 지적 유혹을 과감히 제외시키고 오직 "예수 그리스도의 십자가에 못 박히신 것 외에는 아무것도 알지 아니하기로 작정하였다."고 말합니다.

이렇듯 역사에 가장 모범적 설교의 대가인 바울 사도는 우리가 따라야 할 멘토입니다. 그는 설교자의 표본이 되기에 충분합니다. 바울 사도를 설교자의 표본으로 인정하는 이유, 첫째는 그가 자신의 말과 지혜에 의존하지 않고 자신을 완전히 무시한 일이고, 둘째는 오직 그리스도 예수만을 드러내었으며, 셋째는 자신의 약함을 인정하고 "두려워하며 심히 떨었다."는 것, 마지막으로 "내 말과 내 전도함이 지혜의 권하는 말로 하지 아니하고 다만 성령의 능력으로 하여"라고 말한 것입니다.

설교자들은 바울의 고백을 금과옥조(金科玉條)로 삼아야 합니다. 아무리 목회의 연조가 깊고 신학적인 소양을 두루 갖추었을지라도 바울과 같은 겸손이 없다면 울리는 꽹과리가 될 것입니다. "내가 너희 가운데 거할 때에 약하며 두려워하며 심히 떨었노라." 바울은 지성과 영성을 고루 겸비한 자로, 그의 겸손함이 교만한 고린도인들을 복음으로 변화시키는 능력이 되었습니다. 오늘 우리가 바울에게 주목해야 하는 이유는 그가 일체의 사심을 배제한 채 오직 십자가와 그리스도를 전하려는 거룩한 야심만 품었기 때문입니다. 교회를 양적으로만 부흥시키겠다는 인간적인 야심이 오늘날 우리 강단을 얼마나 오염시키고 있는지 모릅니다. 인위적인 수단과 방법으로 스포트라이트를 설교자 자신이 받기를 원하는 경우도 있습니다. 예수 그리스도의 복음과 십자가는 뒷전으로 밀고, 설교자 자신이 전면에 등장합니다. 그러나 미사여구로 전하는 설교가 영적 파장을 일으키기에는 한계가 있습니다. 말씀으로 사람을 변화시키고 그리스도인으로 살아가게 하는 것은 성령의 능력 없이는 불가능합니다. 그러므로 생명의 능력을 전하기 위해 설교자는 성령의 지배를 받아야 합니다.

오늘날 강단에서 바른 복음이 선포되기를 기대하는 것은 당연한 것입니다. "십자가 복음이 실종되고 언어의 유희와 심리학과 마케팅이 난무하고 있다."고 옥성호는 그의 책 「부족한 기독교」에서 일갈하였습니다. 오늘날 사람들에게 매력을 주고 그들을 붙들기 위해 새로운 설교 기법이 난무하지만, 영혼을 흔들어 그리스도의 사람으로 바꾸는 데는 한계가 있습니다.

"정교하게 깎은 말씀의 인장(印章)이 사람들의 마음속에 생생하게 심어지려면 그것이 하나님의 집행자인 성령에 의해 거기에 새겨져야 한다."(시들로오 백스터)

(2008년 5월)

목회가 힘듭니까?

　지방 출장을 갔다가 목회자 두 사람에게서 목회 현장의 고충을 들었습니다. 한 사람은 20여 년 목회 중 지금 섬기는 교회에서 10여 년 사역 중인데 도무지 교회가 침체에서 벗어나지 못하고 있어 목회에 자신감을 잃고 많이 지쳐 있다고 했으며, 또 한 젊은 목회자는 개척을 시작한 지 약 3년이 되었는데 아무리 노력해도 교인 10명을 넘지 못하고 있어 고민이 많다고 했습니다. 오늘 우리 한국교회 현장은 이전 같지 않습니다. 작은 교회들이나 개척교회들이 성장의 꿈은 있지만, 쉽게 그 뜻을 이루지 못하는 안타까움이 있습니다. 물론 이런 상황에서도 여전히 성장하는 교회가 없는 것은 아닙니다. 그러나 대체로 오늘 우리 한국교회의 현실은 대다수의 교회가 성장을 멈춘 채, 침체로 인해 목회자들의 고민이 심화되고 있는 실정입니다. 카자흐스탄에서 수년 동안 선교를 하다가 최근에 한국으로 돌아온 선교사님이 한국교회를 보고 "한국교회가 변하고 있습니다. 이번에 들어와 보니 한국교회가 영적으로 이전 같지 않을 뿐 아니라, 목회자들이 많이 지쳐 있으며, 힘을 잃어 가고 있다는 것을 느낍니다."라고 말했습니다.

우리 사회에서 기독교에 대한 기대치도 점점 낮아지고, 목회자들에 대한 신뢰도도 떨어지면서 많은 목회자가 정체성 혼란을 겪고 있습니다. 이러한 한국교회 현실을 보면서 앞으로 목회 현장은 녹록치 않을 것이라는 염려가 앞섭니다. 이러한 현실의 원인이 무엇이며 어떻게 대처해 나가야 할 것인가 생각하지 않을 수 없습니다. 한국교회의 아픈 현실의 원인은 여러 가지가 있겠지만, 가장 큰 문제는 영적인 문제라고 많은 이가 이구동성으로 말합니다. 필자 역시 같은 생각을 하면서 어떻게 하면 목회자들이나 교회가 영적 침체에서 벗어날 수 있을까 하는 문제에 천착하지 않을 수 없습니다.

로이드 존스(Lloyd Jones)는 "영적 침체(spiritual depression)란, 그리스도인이면서 전혀 그리스도인의 구실을 하지 못하는 상태"라고 했습니다. 대체로 영적 침체의 증상들은 다음과 같습니다. 복음의 감격과 능력은 상실하고 말만 요란한 경우, 마음은 원이지만 늘 육신이 약하다는 변명, 열심히 봉사하며 사역하지만 심령이 채워지지 않음을 느낄 때, 예배의 감격과 기쁨을 잃어버린 것, 강단에 서서 전하기는 하지만 앉아서 듣기는 지겨워질 때, 기도가 막히고, 주님의 이름을 부르기는 하지만 주님을 만나는 감격을 잃어버린 것 등으로 나타납니다. 누구나 목회 현장에서 사역을 하다 보면 자신이 이러한 영적 늪에 빠져 있는 것을 발견할 때가 있습니다. 이러한 영적 침체를 무방비로 방치하게 되면 목회자 한 사람으로만 끝나는 것이 아니라, 교회 전체에 심대한 영향을 끼치게 됩니다. 이러한 경우에 직면할 때, 당장 눈에 보이는 가시적 현상만을 보고 목회의 열매를 가늠하기보다는 주어진 현실에서 하나님의 뜻을 찾는 진지한 영적 성찰이 필요합니다.

저 역시 이민 목회 현장에서 영적 침체를 경험하고, 목회의 의미를 잃은 채 방황했던 경험을 갖고 있습니다. 아무리 노력하고 기다려도 교회의 빈 자리는 채워지지 않고, 생활의 위협으로 생계는 막막하고, 사면초가가 되는 절체절명의 위기를 느꼈을 때, 목회 포기의 유혹을 경험했습니다. 이러한 때, 영적인 패러다임의 대전환이 필요합니다. 제 경우는 마지막 결단으로 금식을 결심하고 기도원에서 며칠을 지내면서 억지로 기도하고 성경을 읽었습니다. 그렇게 시간을 보내던 중에 "아무것도 염려하지 말고 다만 모든 일에 기도와 간구로, 너희 구할 것을 감사함으로 아뢰라. 그리하면 모든 지각에 뛰어난 하나님의 평강이 그리스도 예수 안에서 너희 마음과 생각을 지키시리라."(빌 4:6~7)는 말씀을 통하여 영적 충전을 얻고 심기일전 하였습니다. 그 후 영성훈련을 통해 개인적인 영적 충전을 위한 노력을 기울이면서 목회의 새로운 패러다임을 발견할 수 있었습니다.

예수님은 우리가 물량적으로 얼마나 성공하며 살고 있느냐(success business)에 관심을 갖기보다는 실패를 통해 영적으로 다시 재련되는 것(refining business)에 더 관심을 가지고 계십니다. 예수님은 우리가 시련을 통하여 오히려 영적으로 더 성숙하기를 바라십니다. 영적인 침체에 빠졌다고 해서 스스로 실패자로 간주하는 것은 어리석은 생각입니다. 주님을 따르고 싶은 마음은 있지만, 그 상태에서 벗어날 방도를 찾지 못할 뿐입니다. 진행형 실패(the failing)와 완료형 실패(the failed)는 다릅니다. 완료형 실패자는 다시 일어설 수 없지만, 진행형 실패자는 다시 일어설 수 있고, 도전의 여지도 얼마든지 있습니다. 오늘 목회 현장에서 경험하고 있는 대부분의 영적 침체는 진행형 실패일 뿐입니다.

영적인 침체는 어느 시대에나 있어 왔습니다. 대체로 선교가 시작되면 어려운 시련기를 지나 영적으로 은혜가 충만한 부흥기가 오다가 다시 침체를 맞는 과정을 밟아온 것이 역사의 과정입니다. 한스 큉 같은 신학자는 "21세기에 접어들면서 경제적 안정을 구가하는 지역에서는 사람들이 하나님보다 다른 문화 현상에 더 관심을 갖게 되면서 교회에서 멀어지게 되었다."고 진단합니다. 그러면서 사람들은 기성 종교에서는 멀어지지만, 반면 시민운동, 문화 활동, 스포츠 등 다양한 활동을 통해 종교를 대체하는 일이 일어나고 있습니다. 교회 역시 이러한 문화 현상에 눈높이를 맞추면서 순수 복음보다는 사회적인 문화 현상에 눈을 돌리게 되고, 사회 문화 기관으로 변신을 꾀하게 되는 현상이 나타납니다. 하나님의 말씀만 선포되던 곳이 각종 시민 문화 프로그램으로 장식되고, 하나님의 말씀보다 정신 분석학이나 상담 심리학으로 복음을 대체하려는 움직임을 보입니다.

우리나라도 초기 선교 당시, 핍박과 시련의 척박한 환경에서 복음만으로도 부흥의 초석을 다져왔던 때가 있었습니다. 그러나 교회가 성장하면서 선교의 자율성이 보장되고 대중 종교로 자리매김하고, 사회도 정치·경제적으로 안정되면서 점차 교회는 영적 긴장감을 잃게 되었습니다. 그리고 우리가 경제적으로 다소 여유가 생기자 하나님께 간절히 매달리는 열정을 잃었습니다. 세상이 하나님 없이도 크게 불편하지 않을 만큼 풍요를 구가하게 되면서 차츰 교회의 기도 소리가 작아지고 있습니다. '하나님 없이도 살 수 있다.'는 자만심을 갖게 되었습니다. 이것을 막스 베버는 "세속적 각성"(earthly awakening)이라고 말합니다. 이 각성은 영적인 각성이 아니라 그 반대의 각성을 말합니다. 결국 하나님이 사람들에게서 멀어지는 사회 구조 속에서 선교는 그만큼 힘들게 되고, 복음은 현대인들에게 매력을 잃게 되었습니다. 이런 사회적 환경에서 목회자가 아무리 몸부

림쳐도 목회 현장에는 괄목할 만한 변화가 일어나지 않습니다. 이런 현실에서 목회자는 목회자로서의 정체감이 흔들리고 영적인 침체를 피할 수 없게 되기도 합니다. 풍요가 육적인 안전을 보장해 줄지 모르지만, 도리어 영적으로는 악재가 되고 만 것입니다.

날이 갈수록 세속적 파고는 높아지고 점점 더 비기독교화 되어가는 문화 속에서 사람들에게 복음을 전하여 그들을 그리스도의 사람, 영의 사람으로 만들어 간다는 것은 쉬운 일이 아닙니다. 목회자들 중에는 이러한 현실을 견디어내기가 벅차 절망하거나 포기하다시피 하는 이들도 있습니다. 할 수도, 하지 않을 수도 없는 기로에서 고민하며 엉거주춤한 상태에서 막연히 때만을 기다리며 시간을 보내는 이들도 있습니다. 그러다가 사명은 실종되고 먹고 사는 현실을 위해 목회를 수단으로 삼아 어느덧 목회가 직업으로 둔갑해 버리는 경우도 비일비재합니다.

이러한 목회적 타락은 매사를 하나님의 기준으로 보던 눈을 멀게 하고 세상적인 가치 기준으로 보게 하는 영적 색맹(色盲)이 되게 합니다.

이러한 지병에 걸리면 남이 하는 큰 교회를 부러워하게 되고 일확천금을 노리는 장사꾼처럼 목회의 긴급 처방을 위해 묘수를 찾게 되면서 세속적인 방법을 교회 성장의 도구로 삼게 됩니다. "꿩 잡는 게 매"라는 실리에만 관심하면서 산술적인 목회 성공을 열망하게 되고, 결국 설교도 사람들을 위한 현실 지향적(down to earth)인 메시지로 눈높이를 낮춥니다. 현실적 축복을 강조하면서 하나님 나라는 점점 멀어지게 됩니다. 목회도 목양(shepherding)보다는 관리(managing)에 치중하게 됩니다. 목회자가 하는 일은 교인들의 머릿수에만 관심하게 되고, 주일 수합된 헌금의 액수에 일희일비하는 장사꾼으로 변질되고 맙니다.

물론 처음 목회자가 되겠다고 나설 때는 자기를 위한 목회를 선언하고 나선 이는 아무도 없습니다. 그러나 어느덧 목회 현장에서 세속적인 가치관에 물들고 성공주의에 빠지게 되면 목회를 자기 이익을 위한 수단으로 전락시킵니다. 그러면서 목회 현장을 세속적인 잣대로 가늠하게 됩니다. 하나님보다는 목회자를 위한 목회를 하게 되고, 그리스도를 전하기보다는 자기를 선전하기에 바쁘게 됩니다. 큰 것과 많은 것을 목회 성공과 실패의 기준으로 삼는 마케팅의 철학을 아무런 저항 없이 받아들이게 됩니다. 이러한 목회 철학의 변질로 작은 교회 목회자들은 좌절과 실망을 경험하곤 하고, 큰 교회 목회자들은 성취감과 교만의 마수에서 헤어날 수 없게 되기도 합니다. 그래서 던과 피터슨은 "어떻게 하면 목회자들이 이와 같은 그릇된 목표를 거부하며, 세상 기준으로 비추어 볼 때 불필요한 존재가 될 수 있는 자유함을 누릴 수 있을까?"라고 묻고 있습니다. 그러면서 던과 피터슨은 "껍데기 목회자는 가라!"고 외칩니다. 하나님 나라에서는 그들이 불필요한 존재이기 때문입니다.

지금 저는 연수원에서 많은 목회자들을 만나고 있습니다. 감사하게도 제가 만나는 목회자들은, 오늘 우리의 목회 현장이 아무리 어려워도 사명을 위해 목회를 하는 귀한 목회자들입니다. 이것은 우리에게 희망입니다. 그러나 가끔은 차라리 목회를 하지 않았으면 좋을 뻔했다는 인상을 주는 이들도 만납니다. 한 사람으로서 그릇된 철학과 삶을 가진 목회자로 인해 교회가 무너지기도 합니다. 교회로서의 기능을 상실한 무너진 교회가 많아질수록 선교는 쇠퇴할 수밖에 없습니다.

오늘 우리가 사는 사회에 목회자들을 잘못된 길로 가게 하는 함정이 많을지라도 복음의 길이 아니라면 "아니!"라고 말할 수 있는 사람을 하나님은 찾고 계십니다.

한국교회가 침체에서 벗어나고 목회자들이 진정한 목회의 기쁨을 회복하기 위해서 우리가 우선시해야 할 일은, 내가 주님께 부름받고 목회의 길로 들어섰을 때는 성공(Succeed)을 위해서가 아니라 사명을 위해서였다는 사실을 회복하는 일입니다.

영적 침체에서 벗어나 자유하기 위해서는 무엇보다 하나님을 바라야 합니다. "내 영혼아, 네가 어찌하여 낙망하며, 어찌하여 내 속에서 불안하여 하는고. 너는 하나님을 바라라."(시 42:5) 결국 영적인 침체를 벗어나는 길은 왕도가 없습니다. 하나님만 바라며 살아야 할 것입니다.

"믿음의 사전에는 낙망이라는 말은 없다."(존 뉴턴)

(2008년 7, 8월)

세상의 길, 그리스도의 길

그리스도인으로 산다는 것은 그리스도와 함께 살아간다는 뜻입니다. 영적인 삶을 산다고 할 때, 그것은 그리스도와 함께 살아간다는 의미이기도 합니다. 육적인 삶이 자기 지향적이라면 영적인 삶은 그리스도 지향적입니다. 그리스도 지향적이라는 말은 그리스도의 말씀과 행적을 통해 영감을 받는 것뿐 아니라, 지금 내가 살고 있는 삶의 자리에서 작은 그리스도가 되어 그리스도처럼 살아야 한다는 것을 의미합니다.

여기에 오늘 우리의 고민이 있습니다. 그리스도처럼 살아야 한다는 것은 그리스도를 약간만 지지한다든가, 그리스도에게 어느 정도만 관심을 기울인다든가, 혹은 그리스도를 여러 관심의 대상 중 하나로 삼는 것을 의미하지 않습니다. 세상의 요구를 충족시키면서 동시에 그리스도를 따른다든가, 가룟 유다처럼 자기 주머니를 채우면서 그리스도를 따른다는 것은 불가능합니다. 예수님은 "한 사람이 두 주인을 섬기지 못한다."(마 6:24)고 말씀하셨습니다.

이러한 우리 주님의 말씀은 특별한 소명을 받은 소수의 사람들에게만 해당되는 것이 결코 아닙니다. 자신을 그리스도인이라고 생각하는 모든 사람은 예외 없이 그리스도만을 주인으로 삼고 살아야 한다는 것입니다. 그래서 우리가 그리스도인이 된다는 것은 쉬운 일이 아닙니다.

내 삶에 적지 않은 영향을 주었던 몇 명의 사람들이 있습니다. 그 중 한 사람이 가톨릭 사제였던 헨리 나우웬(Henri Nouwen)입니다. 나우웬은 생전에 저명한 영성 신학자로 예일 대학과 하버드 대학에서 교수로 재직하기도 하였으며, 30여 권의 저서를 남긴 사람입니다. 그러던 그에게 일대 혁명적인 삶의 변화가 왔습니다. 20여 년간 대학에서 강의를 하며 저술가로서 명성을 떨치던 그는, 예수의 제자로서 가야 할 진정한 길이 어디인가를 고심하였습니다. 그러고는 모든 기득권을 포기한 채, 캐나다 토론토에 있는 데이브레이크(Daybreak)라는 장애인 복지 단체의 원목으로 변신하였습니다. 그는 그곳에서 말씀을 전하고 같이 생활하면서 도움이 필요한 이들에게 밥을 먹이는 일, 목욕을 시키고 옷을 입히고, 기도하는 사역을 하다가 수년 전 하나님의 부름을 받았습니다.

그가 남긴 많은 저서 중 두 권이 제 삶에 큰 도전을 주었습니다. 이 책들은 80페이지가 안 되는 소책자인데도, 제 인생의 새로운 지평을 열게 한 안내서가 되기에 충분했습니다. 특별히 평생 목회자의 길을 가면서도 좌충우돌하며 자기 지경을 넓히기에만 바빴던 나에게 진정한 그리스도의 길이 어떤 것인지를 알려 준 안내서였습니다. 그 책은 「예수님의 이름으로」(*In the Name of Jesus*), 「세상의 길, 그리스도의 길」(*The Selfless Way of Christ*)입니다.

이 책들에서 나우웬이 주장하는 메시지는 대략 이런 내용들입니다. 우리가 그리스도인이 되어 그 길을 가는 사람들이라면 예수 그리스도가 살았던 삶을 따라 살아야 한다는 것입니다. 나우웬의 말을 빌려 세상의 길과 그리스도의 길이 어떻게 다른가를 살펴보면, 세상의 길은 상향성(上向性)을 향한 질주고, 그리스도의 길은 하향성(下向性)의 생활방식이라고 합니다.

상향성(上向性)

상향성이란, 높아지고, 커지고, 많이 소유하며, 강한 자가 되어 유명인으로 살아가는 성공 지향적인 삶을 말하는 것입니다. 오늘과 같은 경쟁적인 기술 혁신 사회에서 우리의 삶은 전반적으로 상승을 지향하는 추세입니다. 대부분 사람들의 의식은 성공이라는 꼭대기를 향해 질주하고 있습니다. 남보다 더 높아지고 많이 소유하며, 강한 자로 살기 위해 줄달음치고 있습니다. 우리의 부모나 교사들은 우리가 처음으로 세상을 인식하게 되는 그 순간부터, 이 세상에서 성공하기 위해서는 남에게 뒤쳐져서는 안 된다는 경쟁심을 가르칩니다. 가정에서나 학교에서나 승자는 스포트라이트를 받지만, 패자는 잊히며 소외당하기 일쑤입니다.

그러나 우리가 성공이라 할 때, 진정한 성공은 정상에 도달하는 것 자체가 목표가 되는 상향성의 끝없는 충동과는 다릅니다. 높아지고 더 많이 갖기 위해 권력을 향한 세속적인 야망과, 하나님의 말씀을 따라 이웃을 섬기기 위한 거룩한 야망 사이에는 엄청난 차이가 있습니다. 전자는 우리 자신이 높아지려고 애쓰는 것이라면 후자는 우리 주위 사람들을 높이려는 것을 말합니다.

지금 우리나라에서도 성장과 발전이라는 목표를 달성하고, 부와 안전을 약속하지 않는 자가 지도자가 된다는 것은 꿈도 꿀 수 없습니다. 교회 역시 그 요구에서는 큰 차이가 없습니다. 이러한 추세를 바꾸어 놓을 필요성을 느끼고, 자기 비전을 공공연하게 변호하는 사람들이 지도자가 되는 것은 거의 불가능합니다. 부를 약속해 주고 더 잘 먹고 잘 살 수 있다는 자들에게 지지를 보내는 세상입니다. 가장 잘 사는 나라, 이익을 많이 창출하는 기업, 성공 시대를 약속해 주는 자들만이 지도자로 각광받습니다.

교회에서도 역시 가시적 성장을 가져다주는 지도자들만이 주목을 받습니다. '최고' 여야만 살아남을 수 있는 이 세상은 끝없는 상향성을 향해 숨가쁘게 달려가고 있습니다.

하향성(下向性)

우리가 구주로 믿고 생명을 바쳐서라도 따라야 할 예수 그리스도, 그는 권력의 권좌에서 무기력한 자로, 존귀한 자이면서 비천한 자로, 성공에서 실패로, 강한 자이면서 약한 자로, 영광에서 치욕으로, 하나님이면서 사람으로 하강하셨습니다(빌 2:6~8). 나사렛 예수의 삶은 상향성을 전적으로 거부하는 일생이었습니다.

사람들은 그가 세상의 군왕이 되기를 기대하였습니다. 예수님의 영향력을 통해 덕을 볼 생각을 했던 사람들은 그를 왕좌에 앉히려고 했습니다. 그러나 예수님은 "아니"라고 말씀하시며 저 낮은 길로 가셨습니다. "너희 중에 누구든지 크고자 하는 자는 너희를 섬기는 자가 되고, 너희 중에 누구든지 으뜸이 되고자 하는 자는 너희의 종이 되어야 하리라. 인자가 온 것은 섬김을 받으려 함이 아니라, 도리어 섬기려 하고 자기 목숨을 많은 사람의 대속물로 주려 함이니라."(마 20:26~28)고 말씀하셨습니다.

우리가 믿는 예수 그리스도는, 상향성 중심의 사회를 지탱하고 있는 틀을 깨고 아래로 내려갈 것을 요구합니다. 예수 그리스도는 성공과 명성과 영향력과 권력과 돈이, 우리가 갈망하는 내적인 기쁨과 평안을 주지 못한다는 사실을 이미 알고 스스로 하향성을 향해 달려가셨습니다. 우리가 낮아지고 가난해지고 무명한 자가 되는 길은, 지옥으로 가는 길이 아니라 천국으로 가는 길임을 알려 주셨습니다.

우리가 지향해야 하는 믿음의 길은, 궁극적으로 자기 비대화를 위한 힘의 극대를 추구하며 축복을 받아, 다른 이들보다 먼저 고지를 점령하는 것에 목숨을 걸고 살아가는 우리의 모습이 부끄러운 것임을 알게 해 줍니다.

하향성은 신적인 길이고, 십자가의 길이며, 또한 그리스도의 길이고, 그를 따르는 우리 그리스도인들의 길입니다. 바로 이 신적인 생활방식이 우리 주님이 그분의 성령을 통하여 우리에게 주고 싶어 하시는 것입니다. 그리스도를 따르는 것에는, 그리스도의 영이 우리의 머리와 가슴 구석구석을 지배하게 하겠다는 의지의 결심이 필요하며, 우리가 또 다른 작은 그리스도가 되고자 하는 노력이 있어야 합니다. 영적 성숙이란, 변화(transformation)를 말합니다. 그 변화는 하나님과 동등 됨을 취할 것으로 여기지 않고, 자기를 비우신 그리스도의 마음을 본받는 것을 뜻합니다.

기독교 역사의 가장 큰 아이러니 중 하나는 기독교 지도자들이 끊임없이 정치적인 힘, 경제적인 힘, 영적인 힘 등 바로 이 힘의 시험에 굴복했다는 것입니다. 그러면서도 그들은, 말로는 자신을 비워 인간으로 오셨던 예수 그리스도의 이름을 선포해

왔습니다. 그리고 그 힘을 하나님과 이웃을 섬기는 데 쓰고 있다는 말을 수없이 했습니다. 이러한 합리화 때문에 십자군도 가능했으며, 중세기에는 상상을 초월하는 엄청난 교회 건물들을 세울 수 있었습니다. 한때는 교회의 최고 지도자인 교황의 힘이 세속의 최고 정치 지도자인 군왕들보다 더 우위에 있었던 때도 있습니다. 그러나 그 결과 11세기의 교회의 대분열, 16세기의 종교 개혁, 20세기의 거대한 세속화 등과 같은 교회사의 오점을 남겼는데, 그 주요한 원인은 가난하고 힘없는 예수 그리스도를 따른다고 자처하는 사람들이 행사한 바로 그 '힘' 때문이었습니다.

"하나님을 사랑하기보다는 하나님 되는 것이 더 쉽고, 사람들을 사랑하기보다는 사람들을 다스리는 것이 더 쉽습니다. 교회 역사 중에 가장 수치스러웠던 때는 사랑 대신에 힘을, 십자가 대신에 지배력을, 인도받기보다는 인도하려는 유혹을 받아온 사람들이 많았을 때입니다."(「예수님 이름으로」, p.58)

기독교 지도자들의 길은 세상이 그토록 강조하는 상향적인 길이 아니라 십자가에서 끝나는 하향적인 길입니다. 이 말이 조금은 자학적인 말로 들릴지 모릅니다. 하지만 누가 뭐라 해도 성서에 나타난 예수 그리스도는 힘을 갖고 있지만, 스스로 무력한 자가 되어 하향적인 삶을 사셨습니다. 미래의 크리스천 리더십의 가장 중요한 특성은, 힘으로 지배하는 리더십이 아니라 무력(無力, powerlessness)과 겸손의 리더십을 요구합니다. 다시 말하지만, 크리스천 리더십은 환경이나 책임 앞에서 수동적인 희생이나 심리적으로 유약한 것이 아닙니다. 사랑 때문에 힘의 사용을 계속적으로 포기하는 리더십을 말합니다. 그것이 오늘 우리 교회 지도자들에게 필요한 영적 리더십입니다.

존경과 신뢰와 사랑을 한 몸에 받을 수 있는 지도자들을 보고 싶습니다.

(2008년 10월)

가장 큰 죄

C. S 루이스(Lewis)는 그의 책 「순전한 기독교」(Mere Christianity)
에서 가장 큰 죄를 교만(Pride=Self Conceit)이라고 말합니다. 성
경도 교만의 해악성을 누누이 지적하고 있습니다.

"사람이 교만하면 낮아지게 되겠고"(잠 29:23) "하나님이 교
만한 자를 물리치시고 겸손한 자에게 은혜를 주신다."(약 4:6)
"하나님은 교만한 자를 대적하시되"(벧전 5:5) 등 말씀을 통해
하나님은 교만을 제일 싫어하신다는 것을 알 수 있습니다. 겸
손은 가장 중요한 은혜의 통로가 되지만, 교만은 은혜를 가장
방해하는 요소가 됩니다.

C. S. 루이스는 "음란, 분노, 탐욕, 거짓말 같은 것은 이 교만의 죄에 비하면 새 발의 피와 같다."고 말합니다. 교만이란, "잘난 체하여 뽐내고 버릇이 없는 것"이라고 국어사전에서 정의하고 있습니다. 사회 심리학자 에릭 프롬(E. Fromm)은 망조가 든 사람의 첫 번째 증상은 잘난 체 하는 것이라 했습니다. 신앙생활을 하면서 가장 빠지기 쉬운 함정은 교만입니다. 교만은 모든 이에게 지뢰처럼 매설되어 있는 시한폭탄과 같습니다. 남보다 조금이라도 잘하거나 나은 것이 있으면, 자기도 모르는 사이에 그 증상이 나타나기 일쑤입니다. 얼굴이 좀 잘생겨도, 돈이 남보다 좀 많아도, 지위가 있어도, 자동차 기통 수와도 교만은 비례합니다. 심지어 남보다 기도를 많이 하거나 헌금을 많이 하고 전도를 많이 해도, 교만은 불쑥불쑥 고개를 내밀기도 합니다. 교만을 관리하기가 얼마나 어려운지 모릅니다.

목회를 하는 목사들에게는 교회 부흥이 교만의 이유가 되기도 합니다. 권사일 때는 그렇지 않던 이가 장로가 된 후부터는 교만한 사람이 되는 경우도 있습니다. 교만은 본질적으로 경쟁적입니다. 조금만 남보다 나은 것이 있으면 자신의 우월성을 드러내고자 합니다. 남을 시기하는 것은 본질적으로 교만이 원인인 경우가 많습니다. 목회자들에게도 이런 일들은 자주 일어 납니다. 교회를 건축하면서 위만 봐야 하는데 자꾸만 옆을 보는 경우가 많습니다. 다른 교회보다 한 평이라도 더 크게 지으려고 무리하게 건축을 하는 경우입니다. 교만의 원흉은 비교의식에서 출발합니다. 남들보다 내가 우월하다는 데서 오는 즐거움이 사람을 교만하게 만드는 것입니다. 경쟁이라는 것이 없으면 교만도 없습니다. 교만한 사람은 자기보다 힘이 있거나 돈이 더 많거나 똑똑한 사람이 전 세계에 단 한 명만 있어도 경쟁자로 여기고 적으로 생각합니다. 교만한 사람은 매사에 경쟁을 하기 때문에, 언제나 전투적이며 적대감으로 늘 불안해합니다.

불행한 것은, 예수를 잘 믿는 것 같은 사람에게서도 교만은 여전히 빛을 발합니다. 신앙생활을 오래 하였어도 교만은 사라지지 않고 그 정체를 뽐냅니다. 교회 안에서 불화와 반목이 생길 때 그 원인은 교만임을 쉽게 알 수 있습니다. '내가 너보다 나은데 앞에 서지 마라.' 하는 것입니다.

이런 문제에 대하여 루이스는 "내가 감히 말하지만, 그들은 실제로는 하나님이 아닌 가짜 하나님을 믿는 자들로서 그 가짜 하나님이 자신을 다른 사람들보다 사랑하고 있다고 착각하는 것이다."라고 말합니다. 진짜 하나님을 믿으면 교만할 수 없다는 것입니다.

우리가 경계해야 할 것은 자신이 신앙생활을 한다는 사실 때문에 스스로 선한 사람으로 여기는, 아니 남보다 더 나은 사람으로 생각하는 것입니다. 우리가 싫어하는 악, 예를 들면 탐심, 이기심, 성적 충동, 사치, 증오, 다툼, 시기심 등 이런 것들은 대체로 사탄이 동물적 본능을 통해 침투하지만, 교만은 동물적 본능이 아니라 지옥에서 곧바로 나오는 죄악이라고 루이스는 말합니다. 그러므로 교만은 순전히 영적인 악입니다. 그렇기 때문에 다른 악보다는 훨씬 치명적이어서 교만을 영적인 암(Cancer)이라고 말합니다. 누구든지 이 병에 걸리면 치사율 100%가 됩니다.

우리가 잊지 말아야 할 것은 자기 자신이 겸손한 사람이라고 여기는 것, 자기는 교만하지 않다고 생각하는 것입니다.

"그 날에 많은 사람이 나더러 이르되 주여 주여 우리가 주의 이름으로 선지자 노릇 하며 주의 이름으로 귀신을 쫓아내며 주의 이름으로 많은 권능을 행하지 아니하였나이까 하리니 그 때에 내가 그들에게 밝히 말하되 내가 너희를 도무지 알지 못하니

불법을 행하는 자들아 내게서 떠나가라 하리라."(마 7:22~23)

　아무리 주를 위해 선지자 노릇을 하고 귀신을 내어 쫓을 만
큼 능력이 많아도, 그것 때문에 교만해서는 안 된다고 주님은
가르치십니다. 교회를 위해 누구보다 봉사를 많이 하고 있다는
이유 때문에 교만의 싹이 트고 있다면, 봉사하지 않고 겸손한
자가 되는 것이 더 나을지도 모릅니다. 만일에 헌금을 많이 한
다는 이유 때문에 교만해진다면, 차라리 헌금을 하지 않는 것
이 더 낫습니다. 교회에서 직분을 맡음으로 교만해진다면, 차
라리 직분을 맡지 않는 것이 더 낫습니다. 교회에서 무슨 직분
(장로, 권사, 집사)이나 직책(회장, 부장, 속장)이 교만의 계급장을
달아 주는 것이라고 착각하는 이들이 있습니다. 우리가 주를
위해 무엇을 한다는 것 때문에 그것이 교만의 구실이 된다면
하지 않는 것이 더 낫습니다. 아무리 구제와 봉사가 성도의 당
연한 의무일지라도 그것이 교만의 도구가 된다면 차라리 하지
않는 것이 더 낫습니다. 은혜를 받고 교만해지려면 은혜 안 받
는 것이 더 나을 수도 있습니다. 기도로 병이 낫고 교만해지려
면 병든 것이 더 낫습니다. 남에게 좋은 일을 하고 그 일로 교
만해지려면 안 하는 것이 더 낫습니다. 물질의 축복을 받고 교

만해지려면 가난한 게 더 낫고, 남보다 기도 많이 하고 교만해지려면 기도하지 않는 것이 낫고, 성경 공부 많이 하고 교만해지려면 차라리 성경 모르고 예수 믿는 것이 더 낫습니다. 왜냐하면 "교만은 패망의 선봉"(잠 16:18)이기 때문입니다.

목사들이 제일 넘어지기 쉬운 부분이 있습니다. 교회 부흥시키고 교만해지는 것, 남에게 은혜를 끼치고 교만해지는 것입니다. 제가 개인적으로 잘 아는 목사님들 중 예전에는 존경받을 만한 분들이 많았습니다. 그런데 20여 년 만에 만나니 큰 교회 담임목사님이 되셨고, 교단의 중요한 책임도 맡아 여기저기 감투를 많이 써서인지 예전의 그 사람이 아닌 것을 알고 실망한 적이 있습니다. 하늘의 보좌를 포기하고 이 땅에 오신 예수님의 겸손함은 그 어디에서도 찾을 수 없었습니다. 주님의 겸손의 덕이 우리 안에 없다면, 지금 우리가 하고 있는 그 어떤 열심도, 수고도, 헌신도, 직함도 별로 내세울 만한 자랑이나 칭찬받을 일이 되지 못할 것입니다. 하나님이 찾으시는 자는 잘난 사람도, 배운 사람도, 가진 사람도, 유명한 사람도 아닙니다.

주님은 겸손한 자를 찾으십니다. 우리 한국교회는 이전 같지 않습니다. 교회 안에 유능한 사람도 많고 사회적인 지위가 있는 이들도 많아졌습니다. 경제적으로 여유 있는 사람들도 많고 교세도 많이 성장하였습니다. 그럼에도 불구하고 오늘날 우리가 잃고 있는 것이 있다면 무엇입니까? 그동안 우리 한국교회가 복음의 황금기를 누렸던 것이 사실입니다. 그러나 교세가 커지고 교회가 성장하면서 우리도 모르는 사이에 사탄이 가라지 같은 교만의 씨앗을 뿌려 놓았습니다.

성장이 필요하지만 성장이 교만의 씨앗이 된다면 차라리 성장하지 않는 것이 더 나을 수도 있습니다. 많이 배운 것이 교만의 원인이 된다면 차라리 못 배우더라도 망하지 않는 것이 나을지도 모릅니다. 우리나라에 오셔서 존경을 받았던 고 대천덕 신부님은 "한국에서는 배운 사람들 중에 겸손한 사람을 찾기가 참 어렵다."는 말씀을 하셨습니다. "지식은 교만하게 하며"(고전 8:1)라고 바울 사도도 말합니다. 세상에서 가장 아름다운 것은 피카소의 그림이 아니라 많이 알고도, 많이 갖고도, 남보다 높아졌어도, 언제나 겸손함을 보이는 이들입니다.

지난 40여 년 목회 현장에서 만난 수많은 사람들 중에 잊을 수 없는 몇 사람들이 있습니다. 미국에서 이민 목회를 하면서 만난 분들입니다. 세상에서 누구보다 많이 배웠고 무엇으로 보든지 충분히 존경을 받을 수 있는 분들이지만, 어디서나 낮은 자리에서 스스로 작은 자가 되어 다른 사람들을 돕고 사랑하며 손해 보고 살아가는 이들이 있었습니다. 저는 목회를 하는 목사이면서도 그들 앞에서는 늘 부끄러움을 느끼지 않을 수 없었습니다. 이런 겸손의 거인들을 통해 교회의 덕을 세우고 교회 공동체를 든든히 세워가던 이들을 생각하면 지금도 행복의 미소가 지어집니다. 그런가 하면 신앙의 연륜도 일천할 뿐 아니라, 교회에 대한 바른 이해나 신앙과 인격에서 본이 되지도 못한 이들이 교회의 직분이나 직책에만 연연하며 스스로 존경받기를 기대하던 이들도 있었습니다.

사회적 신분이나 경제적 부유함이 존경을 받게 한다고 생각하는 것은 착각입니다. 명예란 겸손지수와 비례합니다. 사람을 사랑하고, 손해 보는 것을 두려워하지 않는 겸손한 자들이 존경받는 것은 당연합니다. 지위나 계급이 존경 지수를 높이지는 않습니다. 그러므로 존경은 겸손한 자들만이 받을 수 있는 특권입니다. 교만한 자는 하나님도 물리치시지만, 사람들도 싫어합니다.

다시 말합니다. 돈을 많이 벌어 교만해진다면 차라리 가난한 것이 낫습니다. 은혜 받고 교만해지려면 은혜 안 받는 것이 낫습니다. 루이스는 이런 제안을 하였습니다. "겸손해지고 싶은 분들이 있다면, 제가 그 첫 걸음을 알려 드리겠습니다. 그 첫 걸

음이란 바로 자신이 교만하다는 사실을 깨닫는 것입니다. 이것
은 약간 보폭이 큰 걸음이기도 합니다. 적어도 이 걸음을 내딛
기 전에는 아무 진전도 있을 수 없습니다. 자신은 우쭐대지 않
는다고 생각하는 것이야 말로 사실은 아주 우쭐대고 있다는 뜻
입니다." 연륜이 쌓이고 지위를 얻고 주변으로부터 신뢰를 받
고 존경의 대상이 되면서 가장 다스리기 어려운 것이 있다면,
그것은 교만입니다. 교만은 간질처럼 언제 발작할지 모르기 때
문에 늘 경계를 늦추지 말아야 합니다. 사람이 자기 자신을 보
는 것이 다른 사람을 보는 것보다 어렵다는 것은 일찍이 소크
라테스가 갈파한 바 있습니다. 어려운 것은 스스로 자신이 교
만하다는 것을 보지 못하는 것입니다. 사람에게서 교만의 싹을
잘라내지 않으면 아무리 성공을 하였더라도 결국은 실패한 인
생으로 전락합니다.

우리가 예수 잘 믿는다는 것은 주님을 본받는 것입니다.

"너희 안에 이 마음을 품으라 곧 그리스도 예수의 마음이니
그는 근본 하나님의 본체시나 하나님과 동등 됨을 취할 것으로
여기지 아니하시고 오히려 자기를 비워 종의 형체를 가지사 사

람들과 같이 되셨고 사람의 모양으로 나타나사 자기를 낮추시고 죽기까지 복종하셨으니 곧 십자가에 죽으심이라 이러므로 하나님이 그를 지극히 높여 모든 이름 위에 뛰어난 이름을 주사 하늘에 있는 자들과 땅에 있는 자들과 땅 아래에 있는 자들로 모든 무릎을 예수의 이름에 꿇게 하시고 모든 입으로 예수 그리스도를 주라 시인하여 하나님 아버지께 영광을 돌리게 하셨느니라."

(빌 2:5~11)

지금 우리에게 절실한 것은 성공이나 능력이 아니라 겸손입니다.

"내가 하나님 앞에서 긴장하였을 때보다 내 영혼에 더 도움이 되는 때는 없었다."(조지 휫필드)

(2008년 11월)

"엠마오 가는 길"에서 희망을 봅니다

　감리교 연수원에서는 지난 2005년부터 "엠마오 가는 길" (Walk to Emmaus)이라는 영성 공동체를 운영하고 있습니다. 우여곡절 끝에 이 영성공동체가 한국에 도입된 것은 하나님의 특별한 은총이었습니다. "엠마오 가는 길" 공동체가 결성된 역사(歷史)는 일천하지만, 그동안 역사(役事)는 지대합니다.

　"엠마오 가는 길"이라는 영성 프로그램은 일찍이 가톨릭의 꾸르지오 운동에서 그 원류를 찾을 수 있습니다. 지금부터 약 25년 전, 미국 연합감리교회가 꾸르지오 영성 운동을 개신교적인 영성 운동으로 재편하여 "Walk to Emmaus"라는 이름으로 개발하여 보급하기 시작하였습니다. 현재 본부를 미국 내쉬빌에 있는 미 연합감리교(U.M.C) 본부 제자국 안에 두고 있으며 전 세계 네트워크를 갖고 관리하고 있습니다. 현재 미국 내에만 300여 개의 엠마오 영성 공동체가 있으며 해외에도 100여 개나 됩니다. 그러나 아시아권에서는 우리나라가 세 번째로 지난 2006년 6월에 "엠마오 가는 길" 영성공동체로 공인을 받았습니다.

"엠마오 가는 길"의 목적은 3박 4일, 72시간의 집중 훈련을 통해 참여자들에게 깊은 영적 도전을 주어 진정한 그리스도인으로 살아갈 수 있게 돕는 영성 프로그램입니다. 엠마오 공동체(The Emmaus community)의 실제 관심은 공동체 자체에 있다기보다는 지역 교회에 있습니다. 지역 교회에 속한 성도들이 자신의 가정, 교회, 직장, 그들이 속한 삶의 자리에서 건강한 그리스도인으로 살아갈 수 있게 영감을 불어넣고, 도전받게 하며, 또 격려하고 준비케 하는 데 있습니다. "엠마오 가는 길"을 통해 우리는 다음 두 가지를 예상하며 기대합니다. 첫째는 각자 자신들의 내면적 영성생활을 확장해 나가게 돕는 일, 둘째는 우리가 속한 교회를 통해 이 세상에서 보다 적극적인 주님의 제자가 되게 돕는 일입니다.

대체로 "엠마오 가는 길" 영성 훈련에 참여하는 이들은 목회자들과 평신도 지도자들이 주축을 이루고 있습니다. 목회자는 평신도 사역자의 도움 없이 실제 사역을 진행하기가 어렵고, 평신도들 역시 목회자들의 지도를 받지 않을 수 없습니다. "엠마오 가는 길"이 지향하는 것은 영적으로 훈련된 평신도와 목회자가 상호 지속적으로 깊은 감사와 존중을 유지하게 도와 동역자로서 교회의 갱신과 건강성을 함께 이루게 하는 데 있습니다.

그동안 감리교 본부 연수원은 "서울 엠마오 가는 길"(Seoul Walk to Emmaus)이라는 이름으로 지난 35기까지 약 1,500여 명의 수료자를 배출하였습니다. 참여했던 이들 대부분은 말할 수 없는 감동과 하나님의 깊은 치유 경험과 영적 도전과 삶의 변화를 경험하고 있습니다. 그들이 경험한 3박 4일의 여정을 통해 느끼고 깨닫고 체험한 영적 경험들은 참으로 놀라운 간증들로 넘쳐 나고 있습니다.

참여자들이 이구동성으로 하는 말은 그동안 교회 생활은 하였지만, 하나님과 친밀한 개인적 관계를 갖지 못한 채 신앙생활을 해 왔는데 "엠마오 가는 길"에서 두 제자들이 부활하신 예수님을 만났던 것과 같은 영적 체험을 하였다고 고백합니다.

지난해 우리 연수원에서는 "엠마오 가는 길" 영성 훈련에 참여하였다가 그들이 경험했던 소감들을 글로 모아 「나의 눈물 주의 병에 담으소서」라는 간증집을 냈습니다. 이들의 눈물어린 글을 읽으면서 감동과 은혜, 그리고 교회 현실에 대한 희망을 보는 것 같아 얼마나 감사했는지 모릅니다. 많은 이들의 글들 중에 한 목회자의 소감을 소개합니다.

얼떨결에 교회 밥을 먹기 시작한 게 스무 살 때였습니다. 내가 살던 동네에서 그리 멀지 않은 한 교회에 전도인으로 가게 되었습니다. 물론 신학교는 문턱에도 가지 않고서였습니다. 그렇다고 성경을 많이 읽었거나, 교회에 다닌 기간이 길어서 들은 풍월이 좀 있었던 것도 아닙니다. 고등학교 2학년 때 죽을병에 걸려 절망하다가 한 지인의 도움으로 기도원을 다녀온 이후로 깨끗해진 게 저를 사역의 현장으로 떠밀어 가게 했습니다. 그러나 교회는 살벌했습니다. 내가 전도인이 되어 교회에서 설교를 하게 되자, 신학교 4학년 남자 교우가 도끼와 낫을 들고 위협하기 시작했기 때문입니다. "신학교도 다니지 않은 놈이 무슨 설교냐?"고 하면서, 밤에는 잠자는 방의 문종이를 북북 낫으로 그었고, 예배가 있는 날에는 도끼를 휘두르며 나와 교우들을 공포에 몰아넣었습니다. 천국인 줄 알았던 교회에서 낫과 도끼를 경험하면서 나는 마음에 금 하나를 그었습니다.

그 후 다시 1년을 방황하다가 늦은 나이에 신학교를 가게 되었습니다. 신학을 연찬하면서도 이미 얼룩져 있던 마음은 모든 걸 부정적이게 했습니다. 그래서 몇 차례 쉬었다 다녔다를 반복했습니다. 왜냐하면 거기도 처음 교회에서와 같은 어수선한 영혼들이 가득했기 때문이었습니다. 그러나 밀려서 겨우 졸업을 하고 사역의 길로 들어섰지만, 사역의 현장에서 밥을 먹으면서도 맘을 두지 못한 채, 방황의 연속이었습니다. 그때 우연찮게 천상병 선생을 만났습니다. 천상병 선생뿐만 아니라 많은 사람들을 만났습니다. 당시 대한민국의 내로라하는 지성인들은 인사동에 다 있었습니다. 나처럼 제 발로 제도 밖으로 걸어 나왔거나 또는 떠밀려서 나온 사람들이 갈 곳이라곤 인사동밖에 없었습니다. 그렇게 5년을 거기서 기웃대며 살았습니다. 그때 나는 이미 순수한 기독교 신앙을 넘어서서(그때는 '넘었다' 고 믿었었다) 다원적인 삶을 살았습니다.

그러면서도 나는 계속 교회에 있었습니다. 그리고 매주일 설교도 하고 교회가 주는 밥을 계속 먹고는 살았습니다. 인사동에서 머뭇거리던 어느 날 저녁, 여러 사람들의 밥값을 내가 냈더니 송건호 선생이 이러셨습니다. "목사님이 헌금 걷어다가 술도 사고 밥도 사서 우리를 격려했으니 신문사도 나랏일도 잘 될 겁니다." 그래서 그런지 잘 되었습니다. 한겨레신문도 창간되고 묶인 게 풀리기도 했습니다. 그때 나는 우쭐했습니다. 전통 기독교라는 편협의 울타리에 갇히지 않고서도 '기독교인으로' 얼마든지 잘 살 수 있다는 것을 보여 주고 있다고 믿었습니다. 1980년대 말, 밖으로 나왔던 이들이 하나 둘 제도권으로 들어갔습니다. 아니 주인공으로 바뀌었습니다. 나도 더는 거기 있을 수가 없었습니다. 그래서 교회로 돌아왔습니다.

몸은 교회에 있어도 여전히 영혼과 정신은 창녀처럼 나돌아 다니고 있었습니다. 가리지 않고 먹고 마시는 일이 마침내 교회 공동체와 교우들에게 큰 상처가 되고 아픔이 되었습니다. 소란스런 목회 현장에서 더는 머물 수 없겠다는 판단을 하고 이제야 목사를 그만 둘 기회라고 생각했습니다. 그래서 20년이나 넘게 나를 키우고 먹이고 돌보아 준 '사랑'을 헌신짝처럼 버리려고 했습니다. 그러나 지금 나는 그만두지도 못하고 여전히 교회 목사로 살고 있습니다.

'교회 목사로 살고 있다'는 이 말이 중요합니다. 어떻게 이런 일이 생길 수 있을까요? 바로 "엠마오 가는 길" 때문입니다. 기껏 예수님을 따라다니다가 그의 죽음을 목격하고 실망한 나머지 막판에 고향집으로 돌아가던 두 명의 제자들이 부활하신 예수에게 걸려들어 다시 예루살렘으로 올라갔듯이, 그래서 그와 같은 인생을 말할 때 "엠마오 가는 길"의 사람이라고 말하듯, 나도 거기 걸려든 것입니다. 그게 2005년 8월입니다. 내가 그렇게 속 썩였던 우리 교회 장로 세 분과 함께 "서울 엠마오 가는 길" 1기에 들어와 처참한 붕괴와 거룩한 생성을 경험했습니다. 그리고 그때 나는 비로소 '목사'가 되었습니다.

나는 지금 십자가의 보혈이 매우 고마워 늘 울어도 눈물뿐이라는 찬송가 가사가 남의 얘기로 들리지 않게 되었습니다. 지금 나를 놀라게 하는 나의 모습은 섬기는 사람으로 바뀌었다는 사실입니다. 이런 거 저런 걸 한다고 그 섬김의 실제적인 예를 들을 건 없겠죠? 건방지고 터무니없는 생각과 판단을 모두 던져버렸으니까요. 나는 이제 때를 따라 소소하게 흐르고 지나는 바람입니다. 느낌만 있을 뿐 생각은 없습니다. 감동은 있고 구분은 사라졌습니다. 노랗고 푸른 것들이 조화로울 뿐, 달리 좋거나 나쁘지 않습니다. 나는 이제 누군가의 이마에 흐르는 땀을 닦는 바람이며, 어느 집 대문을 비집고 흘러나오는 울음에 참여하는 달빛입니다.

아직도 오만하게 말하는 것이라고요? 아닙니다. 내가 그럴 수 있는 것은, 내가 섬김의 삶을 살 수 있는 것은 하나님과 '한 띠'를 둘렀기 때문입니다. 나를 비움으로, 아니 내 속에 있던 허접한 쓰레기들을 쓸어 내심으로 '영적인 교통'(Communion come to union)이 일어났기 때문입니다. "엠마오 가는 길"에서 말입니다.

이 목사님은 자신의 삶에서 영적 변신을 경험한 후, 그가 섬기는 교회는 말할 것도 없고 그가 감리사로 섬겼던 지방, 나아가 연회에 거룩한 영향을 끼치며 지금도 한국교회의 건강성을 위해 전투적인 헌신을 하며 교회 갱신에 앞장서고 있습니다.

지금 우리 감리교 본부 연수원은 매월 1회씩 남녀를 번갈아 가며 "엠마오 가는 길" 영성 훈련을 시행하고 있습니다. 그동안 우리 하나님께서 부어 주신 제한 없는 은혜가 매우 커서 형언하기가 쉽지 않습니다. 이미 지난해에는 동부연회 지역에 속한 엠마오 영성 훈련을 경험한 목회자들과 평신도들이 중심이 되어 "동부 엠마오의 길"이라는 새로운 공동체가 브랜치를 내었으며, 금년에는 인천 지역에서도 "중부 엠마오의 길" 공동체가 결성되어 활성화되고 있습니다. 곧 서울남연회 권에서도 공동체 결성을 위해 준비에 박차를 가하고 있습니다.

이 "엠마오 가는 길" 영성 훈련은 이때를 위한 우리 하나님의 특별한 선물이라는 것을 믿어 의심치 않습니다. 오늘과 같은 영적 혼돈의 시대에 "엠마오 공동체"를 통해 하나님께서 우리 한국교회를 보다 건강하게 하는 은혜의 통로로 사용하시기를 기대하며, 이 영성 공동체가 더 많이 활성화되고 전국으로 지회가 조직되어 범 교회적으로 확산될 것을 기도하고 있습니다.

(2009년 6월)

나의 삶, 나의 교회

목회의 현장에 뛰어든 세월이 어언 40여 년, 은퇴를 막 앞에 두고 있습니다. 지금까지 많은 세월, 좁은 길을 걸어오면서도 이 여정을 포기할 수 없었던 것은 "아브라함의 하나님, 이삭의 하나님, 야곱의 하나님"이 나와 함께하신다는 확신을 버릴 수 없었기 때문입니다. 이제 마지막 내 사역의 유종의 미를 거두고 싶습니다.

목회자로 부름받아 살아온 삶

　목사로 부름받은 자는 어차피 지도자로 공인을 받게 됩니다. 그것은 영광이면서도 무거운 책임을 수반합니다. 목사는 지도자로 인정을 받으면서도 일반적인 지도자와는 전혀 다른 이미지를 주어야 하는 부담을 안고 있습니다. 그것은 군림하거나 지배하는 지도자, 힘으로 다스리는 지도자가 아닌, 스스로 솔선하고 삶으로 보여 주며 섬기는 자로서의 지도자 상을 말합니다. 수년 전 미국에서 "목회자의 리더십"에 대한 강의를 들으면서 많이 부끄러웠던 기억이 새롭습니다. 기독교 지도자의 길은 이 세상이 지향하는 '상향적(上向的)'인 길이 아니라 십자가에서 끝나는 '하향적(下向的)'인 길이라고 말한 헨리 나우웬의 말대로 자기희생과 내어 줌이 없이는 불가능한 지도력임을 확인하면서, 다시 한 번 삶의 여정을 반추해 보고 지금까지 어떤 자세로 지도자의 삶을 살아왔는가를 살필 수 있게 된 것은 큰 소득이었습니다.

소명을 자각하다

우리 민족사에 가장 암울했던 1942년, 나는 일본에서 태어났습니다. 해방과 함께 부모를 따라 귀국했습니다. 아버지의 고향으로 돌아온 우리 가족은 경제적으로는 큰 불편 없이 지낼 수 있었습니다. 이때 기독교인이 되신 할머니를 따라 교회를 다니게 되었습니다. 어릴 적 초등학교 때부터 주일학교를 빠지지 않고 열심히 출석했습니다. 교회가 상당한 거리에 있었지만, 교회 가는 것이 큰 즐거움이었고 중학교, 고등학교까지 교회와 학교생활은 내 삶의 두 축과 같은 것이었습니다. 고등학생으로서 주일학교 교사를 하면서 주변의 권유도 있었지만, 신학을 해야겠다는 소명을 자각하곤 했습니다. 그러나 아버지께서는 내 의지에 동의해 주지 않았습니다. 그것은 하나밖에 없는 아들이 세상에서 성공하기를 원했던 소박한 기대가 있었기 때문

입니다. 서로 갈등하고 있을 때, 뜻하지 않게 아버지께서 교통
사고를 당해 세상을 떠나시게 되는 충격적인 사건이 일어났습
니다.

혼란의 시기

갑작스런 아버지의 별세는 우리 가정에 혼란과 좌절을 주기
에 충분했습니다. 아버지께서 하시던 기업은 문을 닫을 수밖에
없었고, 태풍과 같은 시련이 우리 가족들에게 감당할 수 없는
아픔으로 다가왔습니다. 선택의 여지도 없이 신학대학에 입학
하였습니다. 아버지의 갑작스런 죽음을 보면서 당시 나는 삶에
대한 많은 질문을 던지고 있었습니다. 어떻게 사는 것이 가치
있는 삶인가 하는 문제를 놓고 고민하고 있었습니다. 결국 안
일을 추구하기보다는 가치를 추구하는 삶을 살기로 한 것입니
다. 고향에 어머니와 여동생 둘을 두고 서울로 유학을 온 나는
새로운 환경에서 대학 생활하는 것이 결코 순탄하지만은 않았
습니다. 예기치 않았던 영적 갈등과 회의에 빠지기도 하고 경
제적인 압박까지 느껴야 하는 이중 삼중의 곤혹스런 세월을 살
아야 했습니다. 당시 사회적인 환경 역시 혼란이 가중되고 있
었습니다. 대학 입학과 더불어 터진 4.19, 이듬해 5.16은 온통

사회 전반에 걸쳐 격변의 소용돌이로 몰아갔습니다. 이런 사회적 혼란으로 학내에서도 데모로 매 학기를 보내야만 했습니다. 더욱이 당시 학교생활은 본관이 화재로 소실된 후, 부실한 교육환경에서 공부를 해야만 하는 부담을 지니고 있었습니다. 이상과 현실의 괴리를 때때로 경험할 때마다 실망과 좌절을 거듭하면서 2학년을 마치고 휴학, 복학, 군 복무 3년, 다시 또 복학하는 과정을 거치면서 8년 만에 신학 수업을 마쳤습니다.

인고와 은총의 세월

당시 우리나라 목회현장은 열악하기만 했습니다. 졸업은 하였지만, 일할 터전이 여의치 않았습니다. 학교를 마친 후 더욱더 혼란스럽게 한 것은 내가 목사가 되어야겠다는 어떤 당위성 또는 필연성에 대한 강한 요청이 있었거나 분명한 소명에 의한 목회를 지향하기보다는 막연한 생계의 수단으로 일터를 찾고 있었던 사실이었습니다. 진로문제로 고민하고 있을 때, 한 선배의 도움으로 강화도 외딴 섬마을에 위치한 첫 목회지를 소개받고 담임자가 되었습니다. 그 교회는 오랜 역사를 지닌 교회였지만, 그동안 1년이 멀다 하고 목회자가 바뀌었던 곳입니다. 그럴 수밖에 없었던 것이 전혀 문화적인 수혜를 받지 못하고 교통수단도 없는 오지였기 때문입니다. 그곳에서 오래 견딘다는 것은 결코 쉬운 일이 아니었습니다. 신학교 졸업은 하였지만, 목회자적 소양과 준비가 미흡한 채 출발한 목회는 결코 쉽지 않았습니다. 비록 농어촌 교회 교인들 대부분이 충분한 교육을 받지 못했지만, 오랜 교회생활을 통해 산전수전을 겪은 교인들의 요구를 채운다는 것은 벅찬 일이었습니다. 시행착오를 거듭하면서 용케 1년을 버티었습니다. 설교도 익히고 기도도 배워 가면서 한 해를 보내고 결혼을 했습니다.

그러고 얼마 되지 않아 내 일생일대에 잊을 수 없는 큰 사건이 일어났습니다. 교회 앞마당을 청소하고 쓰레기 더미를 불태우다가 화염 속에서 폭발한 포탄의 파편에 맞아 바른쪽 눈에 큰 상처를 입게 되는 사고를 당한 것입니다. 사고 후 많은 시간이 지나 인천 병원에 도착했을 때, 의사의 진단은 회복하기가 어렵다는 것이었습니다. 결국 오른쪽 눈을 제거하는 수술을 받아야만 했습니다. 졸지에 한 눈을 잃어버린 채, 병원에서 얼마 동안 치료를 받으면서 엄청난 실의와 절망에 빠지게 되었습니다. 하나님이 과연 살아 계시다면 왜 이런 시련을 주실까? 왜 하필이면 내게 이런 시련을 주시는 것일까? 하나님이 하시는 일이라면 그것은 부당한 것이라는 생각을 지울 수가 없었습니다. 더욱이 목회자의 길을 가고 있는 나에게 이런 시련은 가혹하다는 생각을 할 때면 하나님이 잔인하게만 느껴졌습니다. 그래서 많이 원망하고 좌절하고 실망하면서 몇 날 며칠을 밀려오는 통한과 분노에 시달려야만 했습니다.

이렇게 한 주간 이상 잠을 이루지 못하고 갈등과 고민에 빠져 살아갈 용기마저 잃고 있을 때, 어느 새벽녘에 한 세미한 음성을 듣게 되었습니다. "너는 누구냐?" 이 내심의 세미한 음성이 절망에 빠져 있던 나를 소스라치도록 놀라게 하였습니다. 처음으로 "나는 누구인가"라는 이 실존적인 질문을 하면서 자신의 삶을 깊이 있게 성찰하였습니다. 그때 나는 처음으로 하나님 앞에 너무 부끄러운 자로 서 있음을 발견하게 되었습니다. 사명감도 없이 단순한 직업으로서 목회자가 되었던 내 어리석음과 영적 무지에 대한 통렬한 자기반성과 함께 나도 모르게 회개의 눈물을 쏟기 시작했습니다. 두 눈을 동여맨 붕대가 눈물로 흥건히 적셔지기까지 울고 또 울었습니다. 아침이 밝아오면서 병원 창으로 비쳐 오는 다사로운 아침 햇살은 내 영혼을 포근히 감싸주었고, 처음으로 나는 주님이 함께하신다는 것을 느낄 수 있었습니다. 이 신비로운 경험은 내 일생에 영적으로 다시 태어나는 기념비적 사건이 되었습니다. 그 후 지금까지 비록 한 눈으로 살아가야 하는 불편함은 있지만, 한 번도 주님을 원망하지 않고 도리어 감사하며 지낼 수 있었습니다. "만일 네 오른 눈이 너를 실족케 하거든 빼버리라, 네 백체 중에 하나가 없어지고 온 몸이 지옥에 던지우지 아니하는 것이 네게 유익이라."(마 5:29) 이 예수님의 말씀은 지금 내 생애의 요절이 되고 있습니다. 이 일이 있은 후, 나는 이 교회에서 3년을 더 목회를 하면서 목사 안수까지 받고 첫 아이까지 얻은 후 임지를 옮겼습니다.

김포 지방으로 두 번째 임지를 옮긴 후에도 목회 현장이 여전히 열악하기는 마찬가지였습니다. 부임했던 그 해는 예상치 않았던 홍수피해로 전적으로 논농사에만 의존하던 교인들이 쌀 한 톨도 건질 수 없게 되었습니다. 추수를 하지 못한 교인들의 생활고는 이루 말할 수가 없었습니다. 그 해는 교인도 목회자도 먹을 양식이 없어 끼니 걱정을 해야 하는 날이 많았습니다. 그러나 이런 현실에서도 마을 복음화 운동을 펼치며 교회가 성장해 가는 기쁨을 맛보면서 목사관까지 건축하고 2년 후, 인천 변두리 난민촌 철거민들이 모여 사는 지역으로 임지를 옮겼습니다.

1970년대 초 한국은 산업화가 가속화되면서 농촌인구들이 도시로 유입되기 시작했고 공단 주변에 있었던 우리교회에 급속도로 교인이 증가하기 시작했습니다. 기존 교회 건물이 밀려오는 교인들을 수용할 수가 없어 교회를 신축하던 중에 건축 규제에 어긋난다는 이유로 거의 완공 단계에 있던 건물이 철거를 당하는 시련을 경험하기도 하면서 마침내 우람하고 훌륭한 성전을 건축하였습니다.

인천에서의 4년은 많은 눈물을 흘려야 하는 인고의 세월이었지만, 지금 생각하면 참으로 행복한 사역이었습니다. 그 후 1977년, 서울로 목회지를 옮겼습니다. 자의적인 결정이기보다는 어쩔 수 없는 선택이었습니다. 30대 중반이었던 나에게는 당시 존경받던 중후한 전임자가 시무하던 교회에 부임해 간다는 것이 개인적으로 영광이었지만, 그만큼 부담도 컸던 것이 사실입니다. 여기서도 교회 증축을 해야 했고 목사관 신축 등 교회의 외형도 많은 변화를 가져오기도 하였습니다. 목회자가 교인들로부터 받은 사랑의 양(量)이 너무 많아 때때로 교만한 생각에 사로잡혀 우를 범할 때도 있었습니다. 교회는 해마다 일신되어 갔으며, 특히 많은 젊은이들이 등록을 하며 그 중에 20여 명에 이르는 목회자를 배출하게 된 것은 지금 와 생각해도 나 개인의 기쁨도 되지만 하나님께도 영광이라는 생각을 합니다. 서울에서의 7년의 목회는 그동안 흘린 눈물의 넉넉한 보상으로 채우시는 은총의 세월이었습니다.

이민목회를 도전하다

한국선교 100주년이 되던 1984년, 감리교 선교국에서 미주지역 교포를 위한 선교사 선발이 있었습니다. 이때 나는 서울연회에서 유일하게 선발이 되어 미국 뉴멕시코 주 앨버커키로 파송되었습니다. 박사 학위를 목적으로 공부를 하러 이곳에 와 있던 유학생 가족들을 중심으로 이미 성경을 공부하고 있던 그룹이 있었습니다. 이들이 중심이 되어 교회를 개척하게 된 것입니다. 미국 사회에 대한 기본 상식도 없이 전혀 이질적인 목회 현장에서 당하는 목회 현실은 상상을 초월하는 것이었습니다. 목회자인 나 자신의 준비 없음도 문제였지만, 교회생활을 전혀 경험치 못한 이들이 대부분인 회중 역시 문제를 지니고 있었던 것은 마찬가지였습니다. 교회가 사교장 이상을 넘지 못하였습니다. 이런 척박한 목회현장에서 때때로 고국을 떠난 것에 대한 후회와 갈등으로 괴로워했던 날이 많았습니다. 교회를 교회 되게 하는 일은 말 그대로 전투였습니다. 시간은 이런 고통의 세월을 묻어가기 시작했고, 어느 새 교회가 교회다운 분위기로 성숙해 가는 것을 볼 수 있었습니다. 5년이 지났을 때는 매주일 100여 명 교인들을 만날 수 있는 기쁨도 주셨습니다.

이곳에서 5년간의 선교사의 임기를 마치고 1989년 미국 연합감리교(UMC) 감독의 파송을 받아 LA지역으로 갔습니다. 개척된 지 몇 해 되지 않은 작은 교회에서 목회를 하면서 많은 어려움을 또 다시 직면하게 되었습니다. 2년 동안 쉽지 않은 도전이었습니다. LA에서 두 번째 파송을 받은 교회는 중견 교회로, 그 곳에서 7년 동안 인생의 황금기를 보냈습니다. 교회를 섬기는 동안 틈틈이 공부할 수 있는 기회도 가졌습니다. 이제 목회의 연륜도 어느덧 한 세대를 넘기게 되면서 남은 사역기간 동안 좀 더 의미 있는 사역을 하고 싶은 충동을 느끼고 있을 때, 하나님께서 내게 선교에 대한 비전과 가정교회(Cell Church)에 대한 눈을 열어 주셨습니다. 이런 비전을 갖고 새 일을 하고 싶어 했던 때에 미국에서의 마지막 목회의 기회가 주어졌습니다. 새로운 임지로 파송을 받은 후 평신도 지도자를 육성하여 사역을 분담하고 공유하기 위해 "가정교회"(Cell Church)를 시작하였습니다. 전통적인 교회 구조를 새로운 패러다임으로 바꾸는 일은 결코 쉬운 작업이 아니었습니다. 그러나 지속적인 훈련을 통해 교회는 소그룹 가정교회로의 전환이 가능하게 되었습니다. 훈련된 평신도 지도자들의 헌신으로 많은 가시적인 열매가 교회 안에 나타났습니다. 그뿐 아니라 선교를 통한 교회의 본래적인 정체성을 회복하는 일에 에너지를 쏟았습니다. 교회 예산의 대부분을 영적 생산성을 도모하는 데 할애하기로 하고 유능하고 사명감이 있는 선교사들을 해마다 선발하여 주로 미전도종족들이 사는 지역으로 파송을 하였습니다. 교회가 내실을 기하며 성장하고 있을 때, 예기치 않은 일로 교회 안에 갈등이 생겼습니다. 목회자로서 역량의 한계를 절감하고 있을 그때, 한국에서 사역의 길이 열렸습니다.

다시 한국으로

2003년 말 전혀 뜻하지 않게 한국 감리교 본부 연수원에서 일을 하게 된 것입니다. 많은 고민 끝에 20여 년의 이민 목회를 접고 한국으로 사역지로 옮겼습니다. 오랜만에 찾아온 고국은 이전의 그 땅이 아니었습니다. 모든 것이 생소하고 몰라보게 발전한 고국의 발전 상 앞에 놀랄 때가 한두 번이 아니었습니다.

두 번의 임기를 채우면서 지난 7년간 감리교 연수원에서의 마지막 사역은 축복의 세월이었습니다. 교단 내의 여러 가지

복잡한 이유로 제 기능을 하지 못하고 있던 연수원의 본래적 소임을 회복할 수 있도록 여건이 마련되었습니다. 일영에 소재한 제1연수원에는 목회자들을 위한 연장 교육과 평신도들을 위한 다양한 프로그램들이 활성화되고 있으며 입석에 있는 제2연수원에서는 대안학교 산돌학교가 젊은이들에게 새로운 꿈을 심어 주는 희망의 산실이 되고 있습니다.

특히 2005년도에 미국 연합감리교로부터 도입한 "엠마오 가는 길" 영성 훈련 프로그램은 벌써 2000여 명의 수료자들을 배출하면서 한국 교회의 새로운 희망을 주는 대안으로 주목을 받게 되었습니다. 이미 동부와 중부 지역에서도 엠마오 공동체가 결성되면서 초교파적 영성 훈련으로 활성화되고 있습니다.

목회의 현장에 뛰어든 세월이 어언 40여 년, 은퇴를 막 앞에 두고 있습니다. 지금까지 많은 세월, 좁은 길을 걸어오면서도 이 여정을 포기할 수 없었던 것은 "아브라함의 하나님, 이삭의 하나님, 야곱의 하나님"이 나와 함께하신다는 확신을 버릴 수 없었기 때문입니다. 이제 마지막 내 사역의 유종의 미를 거두고 싶습니다.

그분 앞에 설 때

초판 1쇄   2010년 6월 24일

정용치 지음

발 행 인 | 신경하
편 집 인 | 김광덕

펴 낸 곳 | 도서출판 kmc
등록번호 | 제2-1607호
등록일자 | 1993년 9월 4일

(100-101) 서울특별시 중구 태평로1가 64-8 감리회관 16층
(재)기독교대한감리회 출판국

대표전화 | 02-399-2008, 02-399-4365(팩스)
홈페이지 | http://www.kmcmall.co.kr
            http://www.kmc.or.kr

디자인 · 인쇄 | 리더스 커뮤니케이션 02)2123-9996/7

값 11,000원
ISBN 978-89-8430-483-3 03230